SEID FRUCHTBAR UND MEHRET EUCH

DAS WACHSTUMSDIKTAT

Rainer Kleinefeld

SEID FRUCHTBAR UND MEHRET EUCH

DAS WACHSTUMSDIKTAT

Bibliografische Information der Deutschen Nationalbibliothek:
Die Deutsche Nationalbibliothek verzeichnet diese Publikation in der Deutschen Nationalbibliografie; detaillierte bibliografische Daten sind im Internet über http://dnb.dnb.de abrufbar.

Lektorat und Layout: Lektoratsbüro textbaustelle Berlin – www.berlinlektorat.com

Herstellung und Verlag: BoD – Books on Demand, Norderstedt

ISBN: 978-3-7448-4022-4

INHALT

Rainer Kleinefeld

SEID FRUCHTBAR UND MEHRET EUCH

DAS WACHSTUMSDIKTAT

Die Logik ist unerbittlich,
aber einem Menschen, der leben will,
widersteht sie nicht.

Franz Kafka

VORWORT

Mit der krisenhaften Entwicklung des Kapitalismus mehren sich die Zeichen einer epochalen Wende. Die Ratlosigkeit ist groß, denn mit dem katastrophalen Ende des Großversuchs einer kommunistischen Gesellschaftsordnung ist jede Alternative zum Kapitalismus aus der Vorstellungswelt der Menschen verschwunden. In einer solchen Situation mehren sich die Stimmen, die zurück wollen in eine scheinbar behütete Gesellschaft von gestern. Es ist die Sehnsucht nach Geborgenheit in einer Welt vertrauter Formen und Normen, die den Konservatismus befördert. Alle früheren Versuche aber, das Rad der Geschichte zurückzudrehen, endeten stets in einem Debakel. Uns bleibt nur der Weg nach vorne, der mutige Schritt in eine unsichere Zukunft, der allerdings umso sicherer werden kann, je genauer wir die Ausgangssituation kennen und auf je fundierteres Wissen wir bei riskanten Entscheidungen zurückgreifen können.

Hinderlich für den nüchternen Blick auf unsere gegenwärtige Lage ist vor allem das Festhalten am Dualismus des Philosophen

René Descartes, der Trennung von immateriellem Geist und unbeseelter Materie als zwei unterschiedlichen „Substanzen".[1] Hinderlich ist die Trennung in Geistes- und Naturwissenschaften, die dazu geführt hat, dass man ganz unterschiedliche Vorstellungen des Begriffs „Geist" entwickelt und so in einer entscheidenden Frage aneinander vorbeiredet. Auch der menschliche Geist ist eine Erscheinung der Natur und Gegenstand der Wissenschaft insgesamt. Es sollte zusammenkommen, was zusammengehört, denn es gibt nur eine Wirklichkeit.

In diesem Sinne entstand auch diese Schrift. Rüstzeug für dieses Vorhaben ist eine Bibliothek von Sachbüchern aus unterschiedlichsten Wissenschaftsbereichen. Das verfügbare Wissen ist nahezu unendlich. Um sich darin zurechtzufinden und daraus etwas Brauchbares herauszufiltern, ist es notwendig, die Naturwissenschaften zurate zu ziehen; ihre Methoden bieten die bestmögliche Hilfestellung, um die Spreu vom Weizen zu trennen.

Die geleistete Arbeit entspricht der Zusammensetzung eines Puzzles. Von der Annahme ausgehend, dass im Prinzip alles bereits gesagt wurde, was heute gesagt werden sollte, geht es darum, die mit hohem Aufwand und mit Akribie gewonnenen Erkenntnisse vieler Wissenschaftler zu identifizieren, sie im richtigen Kontext neu zusammenzufügen und ihnen zu neuer Aussagekraft zu verhelfen.

Es ist ein Zeichen der Zeit, dass mit dem Bedeutungsverlust der großen, einst staatstragenden Religionen das früher für alle verbindliche Weltbild zur Privatsache wird. In einer Zeit, in der die Freiheit des Individuums als höchster Wert gilt, entwickelt jeder seine eigenen, ganz privaten Vorstellungen über den Ursprung und den Sinn des Lebens. Scheinbar paradox existiert ein einheitliches Weltbild in der Vorstellung, dass eine freie Gesellschaft kein einheitliches Weltbild haben darf. Die den Spätkapitalismus tragende Ideologie ist die einer sich selbst angedichteten Ideologielosigkeit. Man verlangt zwar Sachlichkeit, wünscht aber kein

---

[1]   Pauen 2002, S. 41.

allgemein anerkanntes objektives Verständnis vom Menschen, eines ohne die Prägung durch ein persönliches sinnstiftendes Ideal, ohne Vermischung von dem, was ist, mit dem, was der Einzelne gerne glauben möchte.

Der ungeschützte Blick auf die Realität ist kaum zu ertragen, er weckt im Menschen Angstgefühle, denen man reflexartig zu entkommen sucht. Einem Menschen, der leben will, gelingt das durch Selbsttäuschung, durch unbewusste Manipulation der eigenen Gefühlswelt. Hier zeigt sich die negative Seite unseres Bewusstseins, dessen störenden Einfluss auf unsere Psyche wir in unserer Leistungsgesellschaft durch Kultivierung einer Scheinwelt erfolgreich verdrängen. Aus dieser ideologischen Verwirrung hilft nur ein auf gesichertem empirischem Wissen gegründetes realistisches Menschenbild als Handlungsanleitung für die bewusste Gestaltung einer unbekannten Zukunft.

Wenn es um unser Verhalten geht, sind Neurologen, Ethologen und vor allem Evolutionsbiologen gefragt. Letztere versuchen alles von den Anfängen her zu verstehen. Sie legen den Grundstein, auf dem sich eine Wissenschaft vom Menschen in all ihren Dimensionen entfalten kann. Darauf beruht auch die vorliegende Schrift.

Das allgemein vorherrschende idealistische, den Geisteswissenschaften verpflichtete Menschenbild sieht im Menschen entweder immer noch eine herausgehobene Schöpfung Gottes oder ein Wesen, das sich aus eigener Kraft, ausgestattet mit einem freien Willen und mit Vernunft, einen eigenen Lebensraum, eine Kultur geschaffen hat und sich mit ihr von einer Natur distanziert, die alle übrigen Bewohner der Welt beherbergt. Man ist der Meinung, der Mensch könne die Welt beherrschen und zum Beispiel frei darüber entscheiden, ob er sie bewahrt oder vernichtet.

Dieses traditionell westliche Menschenbild kollidiert zunehmend mit den Erkenntnissen der heutigen Naturwissenschaften, insbesondere mit solchen aus den Bereichen der Evolutionsbiologie und der Neurologie.

Es wird zunehmend klar, dass der Mensch Teil einer einheitlichen Natur ist und in allen Facetten seines Wesens den allgemeinen Naturgesetzen unterworfen ist, aus deren Zwängen uns kein eigenständiger Geist, weder ein menschlicher noch ein göttlicher, kein Wille und keine Vernunft befreien kann. Der Physiker Albrecht Unsöld stellt fest: „Es besteht kein Zweifel, daß die physische und dann die geistige Evolution des Menschen sich nach denselben Prinzipien vollzog wie die vorhergehende biologische Evolution mit ihrem charakteristischen Zusammenwirken von *Zufall* und *Notwendigkeit*."[2]

Moderne naturwissenschaftliche Erkenntnisse vertreiben uns aus der Geborgenheit einer Scheinwelt und fordern uns auf, die inneren Widersprüche unserer Denkweisen aufzulösen. Für den Neurowissenschaftler Gerhard Roth steht fest, dass der Mensch ganz wesentlich von innen gesteuert ist. Er bestätigt die Theorie Sigmund Freuds in einer Reihe von Kernaussagen, „vor allem was die Dominanz des Unbewussten gegenüber dem Bewussten, die Bedeutung frühkindlicher Erfahrungen, die sehr beschränkten Möglichkeiten des Selbstverstehens und die Neigung des bewussten Ich zu Pseudoerklärungen und Konfabulationen betrifft".[3]

Bewusst können wir unseren Blick bis an die Grenzen des Universums richten, der direkte Blick auf uns selbst aber wird wie von Geisterhand immer wieder blockiert. Scheinbar *wollen* wir nicht wissen, was uns bewegt, was uns von innen heraus antreibt. Hier zeigen sich die Grenzen rein geisteswissenschaftlicher Analysen und einer introspektiven Philosophie. Erkenntnis verlangt nicht nur Logik, sondern vor allem exaktes Erfahrungswissen aus sinnlicher Wahrnehmung. Es gilt die allgemeine Feststellung des Philosophen und Naturwissenschaftlers Stanisław Lem: „Wenn die Urbegriffe eines Systems nicht empirisch sind, verhilft keinerlei ‚Präzisierung' der abgeleiteten Begriffe zu einem wissenschaft-

---

2   Unsöld 1983, S. 91.
3   Roth 2001, S. 454.

lich sinnvollen Resultat."[4] Sinnvolle Aussagen über die Welt, vor allem solche zum Verständnis unseres eigenen Verhaltens, erhalten wir nur auf der Basis erfahrungsabhängiger naturwissenschaftlicher Erkenntnisse.

Für den Zoologen und Ethologen Richard Dawkins ist das Verhalten aller Organismen geprägt von einem Egoismus, der sich aus dem Egoismus der in ihnen wirksamen Gene ableiten lässt. „Das egoistische Gen"[5] verlangt nach Replikation und Wachstum in unerbittlicher Konkurrenz zu allen anderen Genen im Genpool dieser Welt. „Ich würde argumentieren, daß eine vorherrschende Eigenschaft, die wir bei einem erfolgreichen Gen erwarten müssen, ein skrupelloser Egoismus ist. Dieser Egoismus des Gens wird gewöhnlich egoistisches Verhalten des Individuums hervorrufen. Es gibt jedoch (...) besondere Umstände, unter denen ein Gen seine eigenen egoistischen Ziele am besten dadurch erreichen kann, daß es einen begrenzten Altruismus auf der Stufe der Individuen fördert. Die Worte ‚besonders' und ‚begrenzt' sind wichtig. So gern wir auch etwas anderes glauben wollen, universelle Liebe und das Wohlergehen einer Art als Ganzes sind Begriffe, die evolutionstheoretisch gesehen einfach keinen Sinn ergeben."[6] Dieser grundlegenden Feststellung entsprechend sind auch wir Menschen prinzipiell alle Egoisten, die langfristig dem Wachstumserfolg ihrer Gene dienen und sich dabei nicht nur egoistisch, sondern je nach Gegebenheit gleichermaßen kooperativ oder gar altruistisch verhalten.

Die Begriffe ‚egoistisch', ‚kooperativ', ‚altruistisch' und andere, die sich auf den Überlebenskampf der Menschen und ihr Streben nach Wachstum beziehen, sind in diesem Text nicht moralisch konnotiert. Gene und ihre Organismen bis hinauf zum Menschen verhalten sich einfach so, wie es ihrer Vermehrung nutzt. Ethik und Moral sind Kopfprodukte der Menschen und

---

[4] Lem 1983, S. 389.
[5] Dawkins 2007.
[6] Dawkins 2007, S. 519 f.

von daher keine absoluten Wertsysteme, sondern Ausdruck der materiellen Interessen ihrer Schöpfer. Wertsysteme verstellen die Wirklichkeit, sie dienen nicht dazu, sie zu erhellen. Die menschlich-allzu-menschlichen Tatsachen finden sich jenseits von Gut und Böse. Nach Nietzsche muss zugestanden werden, „daß der schlimmste, langwierigste und gefährlichste aller Irrtümer bisher ein Dogmatiker-Irrtum gewesen ist, nämlich Platos Erfindung vom reinen Geiste und vom Guten an sich".[7] Entsprechend kann ein Neurowissenschaftler nicht etwas nachweisen oder beschreiben, was es in Wirklichkeit gar nicht gibt, den „reinen Geist" nämlich. Ein realistisches Menschenbild verlangt nach einer materialistischen Grundlage, in der Beschreibung dessen, was ist, und nicht dessen, was sein soll. Das ist eine weitere Grundannahme, auf der diese Schrift beruht.

„Der lange Arm der Gene"[8] greift über die Manipulation der Einzelorganismen hinaus tief in die Welt, bis in unser gesellschaftliches Leben hinein. In allen Bereichen des Sozialen ist erkennbar, wie wir von unseren Genen in ein Verhalten gedrängt werden, das einzig deren Replikation begünstigt und im Ergebnis die Weltbevölkerung ständig anwachsen lässt. Jedes Kapitel dieser Schrift zeigt dieses Phänomen in einem ausgewählten Bereich unter einem besonderen Aspekt. Die Kapitelüberschrift benennt den Bereich nur grob und ist kein Programm. So stehen die einzelnen Kapitel in ihrer Aussage relativ unabhängig nebeneinander und die Schrift bekommt eine offene Form. Das hat den Vorteil, dass jede Leserin, jeder Leser sich die ihrer oder seiner Meinung nach interessantesten Aspekte aussuchen und in beliebiger Reihenfolge lesen kann. Im Vordergrund bleibt immer der im Buchtitel angesprochene, uns von der Natur auferlegte Zwang, uns zu vermehren und die Erde untertan zu machen. In jedem Kapitel stellt sich immer wieder neu die Frage nach der wahren Natur des Menschen und nach seiner Lebenswirklichkeit.

---

[7]   Nietzsche 1953, S. 4.

[8]   So der Untertitel des Werkes Dawkins, Der erweiterte Phänotyp, 2010.

Die bei dieser Darstellungsweise notwendigerweise entstehenden gedanklichen Überschneidungen und Wiederholungen unterstreichen die Richtigkeit der Kernaussage und sind daher nicht unerwünscht.

Den Leserinnen und Lesern, die weniger am Grundsätzlichen als an der aktuellen gesellschaftspolitischen Relevanz der Kernaussage interessiert sind, wird empfohlen, mit den letzten Kapiteln (ab Kultur) zu beginnen.

Diese Schrift handelt also vom Phänomen des Lebens: von uns Menschen und menschlichen Gesellschaften als Zufallsprodukten eines sich selbst organisierenden Lebensprozesses, mit der Metamorphose der biologischen in eine kulturelle Evolution. Im Zentrum steht das weitgehend vom Unterbewusstsein gesteuerte Sozialverhalten der Menschen in den Koordinaten von Kooperation und Konfrontation, im Streben nach Selbsterhalt und vor allem nach Fortpflanzung. Die Konstanten in diesem unermüdlichen Streben sind Kampf, Macht und Herrschaft, die auch heute, verdinglicht im Geld, unser Leben bestimmen.

In jedem Kapitel und über alle hinweg entfaltet sich ein neues Menschenbild, ein realistischer Blick auf uns selbst.

LEBEN

In dem großen Strom zunehmender, sich ins Unendliche ausweitender Entropie, in grober Näherung als Unordnung zu verstehen, entstehen spontan immerzu isoliert geordnete Strukturen unterschiedlicher Beständigkeit, es entsteht „Ordnung im Chaos". Unordnung benötigt Ordnung, um zu wachsen. Es ist also wahrscheinlich, dass dieser von physikalischen Gesetzmäßigkeiten bestimmte Vorgang auch lebende Strukturen hervorgebracht hat. Während tote Strukturen, beispielsweise Kristalle, in völliger Starrheit und ohne Energiezufuhr überdauern, zeichnen sich lebende Systeme dadurch aus, dass sie ihren inneren Zusammenhalt nur durch eigene Anstrengung, durch Arbeit aufrechterhalten können. Leben verlangt die ständige Zufuhr von Energie und dazu eine beträchtliche Menge an Informationen, die um mehrere Größenordnungen höher ist als die z. B. von toten Kristallstrukturen dargestellte. Insbesondere aber sind Lebewesen in der Lage, die ihrer eigenen Struktur entsprechende Information zu reproduzieren und weiterzugeben. Lebewesen bilden so Repliken von sich selbst. Eine Informationseinheit, die in der Lage ist, sich selbst im Zusammenspiel mit anderen zu replizieren, ist ein Replikator. „Der erste Replikator funktionierte aus sich heraus, *ab initio*, ohne Vorbild und ohne eine Unterstützung, die über die normalen Gesetze der Chemie hinausgegangen wäre."[9] Auch für den Chemienobelpreisträger Manfred Eigen braucht es keine geheimnisvolle „Vitaleigenschaft" der Materie zur Entstehung des Lebens, wenn darunter die Entwicklung vom Makromolekül zum Mikroorganismus zu verstehen ist. Für ihn ist es „nur ein Schritt unter vielen, wie etwa der vom Elementarteilchen zum Atom, vom Atom zum Molekül … oder auch der vom Einzeller

---

[9]   Dawkins 2008, S. 785.

zum Organverband und schließlich zum Zentralnervensystem des Menschen. Warum sollten wir gerade diesen Schritt vom Molekül zum Einzeller mit größerer Ehrfurcht betrachten als irgendeinen der anderen?"[10] Demnach hat die Molekularbiologie dem Schöpfungsmystizismus ein Ende gesetzt und die Schranke zwischen unbelebter Welt und der Biosphäre zum Verschwinden gebracht.

Mit radiometrischen Methoden konnte man das Erdalter auf 4,5 Milliarden Jahre festlegen. Vor über drei Milliarden Jahren gab es bereits Mikroorganismen, die sich als Fossilien nachweisen ließen. „Das Leben verlor keine Zeit – es tauchte sofort auf, nachdem es überhaupt auftauchen konnte."[11] Woraus die ersten Replikatoren bestanden, ist ungewiss, aber soweit wir zurückblicken können, bildet ein aus wenigen Elementen aufgebautes Kettenmolekül, verkürzt DNA genannt, die Grundlage der Vererbung. Auf solchen mehr oder weniger langen Molekülen sind alle zur Replikation erforderlichen Informationen in einem digitalen Code gespeichert.

Der Energiefluss der Sonnenstrahlung, den direkt oder indirekt alle Lebewesen anzapfen, erhält das Leben auf der Erde. Die mehr oder weniger intelligente und effiziente Nutzung dieser Energiequelle bestimmt alle Lebensvorgänge und Lebensäußerungen dieser Welt nach der einfachen Formel: Mehr Informationen bedeuten Zugang zu mehr Energie und damit auch mehr Leben. Je besser die Informationslage eines einzelnen Organismus ist, umso mehr Energie kann er seiner Umwelt entziehen und wachsen. Je mehr er sich daraufhin vermehrt, umso schneller sind die Ressourcen seiner Umwelt aufgebraucht und das Wachstum stoppt. Nur der Organismus, der sich dem Gleichgewichtszustand und dem Stillstand zu entziehen vermag, indem er ein besseres Know-how der Ressourcenbeschaffung entwickelt, kann weiterwachsen. Dies wird so lange andauern, bis auch er an einen

---

[10]   Vorrede zu Monod 1996, S. 15.
[11]   Wagner 2015, S. 61.

Punkt gelangt, an dem die vorhandene Information nicht mehr reicht, sich dem immer von Neuem auftauchenden Mangel zu entziehen. Informationsgewinn durch Selektion ist also der Angelpunkt von Charles Darwins Prinzip des „survival of the fittest", dem Grundstock der Evolution: Der Organismus setzt sich durch, der das ausgefeilteste System der Informationsverarbeitung besitzt. Für Albrecht Unsöld schließlich handelt es sich beim Geschehen der ganzen Evolution kurzgefasst „um die Gewinnung, Verwertung und Weitergabe von mehr und immer mehr Information, von ‚know how".[12] Das erklärt auch, warum der Schwerpunkt der ganzen evolutionären Entwicklung in der Vergrößerung und immer differenzierteren Ausbildung des Gehirns liegt.

Grundlage der das Leben erhaltenden Ausweitung des Informationspools einer Art ist, scheinbar paradox, eine mangelhafte Replikation. Durch eine gewisse Anzahl zufälliger und seltener Ablesefehler des digitalen Codes der DNA werden Varianten oder Mutanten der sich replizierenden Biomoleküle mit unterschiedlichen Informationsgehalten gebildet. Dieser Fehler ist kumulativ. Es entstehen laufend zunehmend unterschiedliche Replikatoren oder Anhäufungen von Replikatoren, die ganz verschiedene Erscheinungsformen des Lebendigen, sogenannte Phänotypen, hervorbringen. Die Vielfalt der Phänotypen ist die adäquate Antwort auf die kontingenten Herausforderungen der Welt und ein unveräußerliches Merkmal aller sich selbst organisierenden komplexen Systeme. Leben ist ein solches sich selbst organisierendes komplexes System, das sich durch eigene Arbeit und einen eigenen Pool von Informationen selbst immer wieder neu hervorbringt. Entsprechend verdankt nach Ansicht des Medizinnobelpreisträgers Jacques Monod ein Lebewesen „(...) nichts der Einwirkung äußerer Kräfte, aber alles – von der allgemeinen Gestalt bis in die kleinste Einzelheit – seinen inneren, ‚morpho-

---

[12]   Unsöld 1983, S. 85.

genetischen' Wechselwirkungen".[13] So genau der ganze hochkomplexe Apparat auch funktionieren muss, ohne den zufälligen Ablesefehler wäre er nicht existent. Das veranlasst Monod zu der weiteren Feststellung: „Der reine Zufall, nichts als der Zufall, die absolute, blinde Freiheit als Grundlage des wunderbaren Gebäudes der Evolution – diese zentrale Erkenntnis der modernen Biologie ist heute nicht mehr nur eine unter anderen möglichen oder wenigstens denkbaren Hypothesen; sie ist die *einzig* vorstellbare, da sie allein sich mit den Beobachtungs- und Erfahrungstatsachen deckt."[14]

Für den scheinbar zielstrebigen Charakter der Evolution, der zur Entstehung von uns Menschen geführt hat, gibt es nur die einzige von Charles Darwin (1859) gefundene wissenschaftliche Erklärung, nämlich genetische Mutation und Selektion. Das betont auch Albrecht Unsöld, nachdem er zuvor auf die Unumkehrbarkeit des Prozesses hingewiesen hat: „Ein ,*zurück*' gibt es in der Evolution *nicht*. Dies beruht offenbar darauf, daß jeder erkennbare Evolutionsschritt sich in Wirklichkeit aus vielen Gen-Änderungen zusammensetzt, deren Koordination erst durch die Selektion zustande kommt."[15] Die Zufälligkeit der einzelnen Genänderungen macht den Werdegang der Evolution irreversibel, was leicht zu der Annahme verführt, der Mensch sei das Produkt einer weisen Voraussicht.

Richard Dawkins entfaltet sein Verständnis der hochkomplexen Vorgänge der Evolution des Lebens aus dem Blickwinkel des Gens. Dafür liefert er eine einfache Begründung: „Wenn man das Leben nicht aus dem Blickwinkel des Gens betrachtet, findet man keinen Grund, aus dem ein Organismus an seinem Fortpflanzungserfolg und dem seiner Verwandten ,interessiert sein' sollte, statt sich zum Beispiel um seine eigene Langlebigkeit zu

---

[13]   Monod 1996, S. 28.
[14]   Monod 1996, S. 106.
[15]   Unsöld 1983, S. 84.

kümmern.“[16] Die Sorge um Nachkommenschaft ist wohl das Auffälligste, was man an jedem Lebewesen beobachten kann.

Diese ebenso einfache wie geniale Theorie von einem egoistischen Gen, das sich eine passende Überlebensmaschine baut, mit der es seiner Umgebung die Ressourcen entzieht, um absolut nichts als die eigene Replikation damit zu sichern – dieser Gedanke bildet die Grundlage aller weiteren Aussagen dieser Schrift, verleiht ihnen Sinn.

Jedes einzelne egoistische Gen handelt in diesem Denkansatz in Konkurrenz zu allen anderen Genen dieser Welt und das entstehende Wettrüsten um den Bau der leistungsfähigsten Überlebensmaschine erklärt überzeugend, wie sich die Struktur, die Funktionsweise, das Verhalten und auch die Umgebung eines Organismus unter der Kontrolle seiner Gene verändern. „Der lange Arm der Gene“ greift weit ein in den Ablauf der Natur.

Für Dawkins begann der evolutionäre Fortschritt, als Replikatoren anfingen, Schutzhüllen um sich herum zu bauen, um sich gegen andere Replikatoren, die nach den gleichen Ressourcen verlangten, abzusichern. Das Wettrüsten begann also wahrscheinlich mit dem Bau immer wirkungsvollerer Schutzhüllen, die sich in einem kumulativen und progressiven Vorgang als Überlebensmaschinen weiterentwickelten und dabei immer größer und perfekter wurden. Replikatoren wetteifern in der Kunst des Überlebens. „Heute drängen sie sich in riesigen Kolonien, sicher im Innern gigantischer, schwerfälliger Roboter, hermetisch abgeschlossen von der Außenwelt; sie verständigen sich mit ihr auf gewundenen, indirekten Wegen, manipulieren sie durch Fernsteuerung. Sie sind in dir und in mir, sie schufen uns, Körper und Geist, und ihr Fortbestehen ist der letzte Grund unserer Existenz. Sie haben einen weiten Weg hinter sich, diese Replikatoren.

---

[16]   Dawkins 2007, S. 384.

Heute tragen sie den Namen Gene, und wir sind ihre Überlebensmaschinen."[17]

Mutation und Auslese, Zufall und Notwendigkeit haben die Gene zu ausgezeichneten Konstrukteuren von Überlebensmaschinen werden lassen. Die Überlebensmaschine bildet den einzigen Zugang der Geninformation zur lebenswichtigen Energie. Von Anfang an mussten die Gene dazu in Gruppen zusammenarbeiten. Als Spezialisten mit einem jeweils unterschiedlichen Informationsgehalt ausgestattet, konnten sie nur in gegenseitiger Unterstützung etwas Neues, Größeres als sie selbst hervorbringen. In diesem Sinne handelt auch ein egoistisches Gen kooperativ. Je größer die Aufgabenteilung ist, umso komplexer ist die hergestellte Maschine, die sich dadurch immer besser den äußeren Umständen anpassen kann, aber auch immer störanfälliger wird. Dabei besteht die Kunst des Überlebens darin, im Zusammenwirken mit anderen das Eigene zu behaupten. Das Gemeinsame ist niemals Selbstzweck, es ist immer Mittel zum Erhalt des Individuellen, des Speziellen.

Der Zusammenhalt der Gene eines Genoms, der Gesamtheit der vererbbaren Informationen, entsteht im gemeinsamen Bestreben, eine möglichst exakte Kopie der Lebensmaschine herzustellen, die das Überleben aller in der Vergangenheit gewährleistet hat, darin sind sich alle einig. Auch Gene verhalten sich grundsätzlich konservativ, sie wollen das Bewährte erhalten. Der Störenfried in dem Geschehen ist deshalb nicht das andere Gen eines anderen phänotypischen Ausdrucks, sondern ein neu durch Mutation im Genpool der Art entstandenes Gen des gleichen Phänotyps alternativer Ausprägung, das antritt, das alte zu ersetzen. Die Ebene der Gene ist die unterste Ebene des Kampfes von etwas Neuem gegen das etablierte Alte, der innere Antrieb der Evolution, durch den einige Gene im Genpool zahlreicher und andere seltener werden. Der Zufall spielt in jedem Kampfgeschehen eine wichtige Rolle. Die Selektion sorgt jedoch langfristig dafür, dass

---

17   Dawkins 2007, S. 63.

sich die Variante im Genpool durchsetzt, die dem ganzen komplexen Lebensprozess die notwendige Energiesicherheit gewährleistet, denn ohne einen permanenten Energiefluss gibt es weder Gene noch Überlebensmaschinen.

Ziel jedes Gens muss es sein, ein Vehikel zur möglichst effizienten Energiebeschaffung und -verwertung zu bauen. Sowohl Form als auch Funktionalität des Vehikels sind allein hierauf abgestellt. Effizienz bedeutet, dass sie bei möglichst geringem Eigenbedarf möglichst viel Energie für die Vermehrung der Gene und deren Informationsgehalt erwirbt. Je knapper der Energievorrat ist, umso größer ist der Selektionsdruck hin zu dessen effizienter Nutzung.

Inwieweit ihr das gelingt, hängt von den äußeren Bedingungen ab, in denen die Maschine ihre Wirkung entfaltet. Ihre Umwelt besteht überwiegend aus anderen Überlebensmaschinen anderer Genkolonien, die aber alle das gleiche Ziel verfolgen und damit notwendigerweise in einen unerbittlichen Kampf miteinander geraten. Ein Kampf auf Leben und Tod entsteht „und die *unmittelbare* Äußerung der natürlichen Auslese erfolgt fast immer auf der Ebene des Individuums".[18] Weil man so Leben grob auf den Kampf um Energie reduzieren kann, unterscheiden sich die Überlebensmaschinen im Wesentlichen durch ihre unterschiedlichen Methoden in der Beschaffung, Speicherung und effizienten Verwertung von Energie.

Die Energie, die für den Lebensprozess auf der Erde zur Verfügung steht, stammt von der Sonne, entweder direkt als Strahlungsenergie oder in Materie gebunden. Die Pflanzenwelt besitzt das Know-how, die Energie der Sonne direkt anzuzapfen. Aus CO_2 und Wasser stellt sie, neben Sauerstoff, energiereiche Glukose (Traubenzucker) her, die Energiequelle für ihr eigenes Wachstum. „Ein anderer Zweig, heute unter dem Namen Tiere bekannt, ‚entdeckte', wie er die chemische Arbeit der Pflanzen für sich nutzen konnte, indem er entweder die Pflanzen selbst oder

---

[18]   Dawkins 2007, S. 100.

andere Tiere verzehrte."[19] In der Atmung kehren die Tiere den chemischen Prozess der Pflanzen zur Energiegewinnung um und produzieren ihre Energie durch Verbrennen von Glukose mit Sauerstoff zu CO_2 und Wasser. Die gleichzeitige Synthese und Verbrennung von Glukose hält den Sauerstoff- und CO_2-Gehalt der Luft und der Meere konstant. Das galt so lange, wie keine fossilen Energiereserven zusätzlich verbrannt werden und den CO_2-Gehalt sowohl in der Luft als auch im Wasser ansteigen lassen, mit entsprechenden Folgen für das Klima.

Um den Energievorrat der Natur für sich nutzen zu können, steht die Schnelligkeit im Vordergrund des Verhaltens eines Tieres.[20] Die Überlebensmaschine muss möglichst schnell auf die Wechselfälle des Lebens reagieren können. Die Gene beeinflussen ihren Organismus jedoch einzig über die Steuerung der Eiweißsynthese, die viel zu langsam arbeitet, um in Sekunden oder gar Bruchteilen von Sekunden auf ein Ereignis in der Welt reagieren zu können. Aus dieser Problematik heraus entwickelten sich in der Tierwelt Zentralnervensystem und Gehirn. Beide Organe sorgen für hinreichende Schnelligkeit in der Reaktion eines Organismus auf sich ändernde Situationen. Das Verhalten bleibt insofern unter der Kontrolle der Gene, als die Gene diktieren, auf welche Weise die Überlebensmaschinen und ihre Nervensysteme gebaut werden.[21] Das Gehirn steuert den Organismus im Auftrag seines Baumeisters, des Genoms.

Der Bau des Gehirns entspricht der Vorprogrammierung eines bestimmten Verhaltens als Reaktion auf bestimmte Sinneseindrücke. „Wir brauchen lediglich anzunehmen, daß Individuen, deren Gene ein Gehirn so bauen, daß es gewöhnlich die richtigen Entscheidungen trifft, als unmittelbare Folge dessen mit größerer Wahrscheinlichkeit überleben und daß somit eben jene Gene

---

[19]   Dawkins 2007, S. 102.
[20]   Dawkins 2007, S. 104.
[21]   Dawkins 2007, S. 123.

weitervererbt werden."[22] Unter Berufung auf Konrad Lorenz spricht auch Jacques Monod von einem genetisch festgelegten Verhaltensprogramm: „Wenn das Verhalten Elemente erhält, die durch Erfahrung erworben wurden, so wurden sie nach einem Programm erworben, das seinerseits angeboren, das heißt genetisch festgelegt ist."[23]

Entscheidungen sind nicht nur möglichst schnell zu treffen, sie müssen natürlich auch richtig, das heißt, sie müssen einer bestimmten Situation in der Umwelt angemessen sein. Das gelingt, solange die äußeren Verhältnisse sich nicht ändern oder sich nur so langsam ändern, dass sie von der biologischen Evolution eingeholt werden können und die Anpassung an eine neue Situation möglich ist.

Richtige Entscheidungen sind grundsätzlich solche, die langfristig mit einem Energiegewinn für die Geninformation und ihre Überlebensmaschine verbunden sind. In einer Lebenswelt, die von der Devise „fressen und gefressen werden" bestimmt ist, hat jeder Teilnehmer sein Verhalten danach zu richten, dass er beim Ringen um Energie nicht selbst zur Energiequelle anderer wird. Dabei entsteht das Problem, dass Nahrungserwerb und Streben nach Sicherheit in der Regel nicht gleichzeitig möglich sind. Eine Schnecke zum Beispiel muss, um zu fressen, ihr Gehäuse verlassen, zieht sie sich Schutz suchend dorthin zurück, muss sie auf Nahrung verzichten. Die Verhaltenssteuerung durch das Gehirn zielt deshalb auf eine Optimierung der Aufgabe, sowohl Energie als auch Sicherheit zu gewährleisten. Eine ständige Risikoabwägung ist notwendig, die in Wahrheit einer Kosten-Nutzen-Rechnung entspricht. Der für die Sicherheit betriebene Energieaufwand darf langfristig nicht höher sein als der Energiegewinn insgesamt.

Der Selektionsdruck auf eine richtige Risikoabwägung ist hoch und erzwingt eine entsprechende Hirnentwicklung. Das Gehirn

---

22   Dawkins 2007, S. 117.
23   Monod 1996, S. 135.

22

wird lernfähig, bekommt ein Gedächtnis und kann so die Erfahrungen der Vergangenheit mit ins Kalkül nehmen. Wesentlich Erfolg versprechender ist die Möglichkeit, die Folgen einer Handlung richtig abzuschätzen, also die Simulation als Methode der Zukunftsvoraussage. Richard Dawkins behauptet: „Überlebensmaschinen, die fähig sind, die Zukunft zu simulieren, sind anderen Überlebensmaschinen, die nur durch konkretes Herumprobieren lernen können, einen Schritt voraus. Das Problem beim konkreten Probieren ist nämlich, daß es Zeit und Energie kostet. Das Problem beim konkreten Irrtum ist, daß er häufig tödlich ist. Simulation ist sowohl sicherer als auch schneller."[24] Für Jacques Monod gehören „Erfindungen, das heißt *Darstellung* und *Simulation* von äußeren Ereignissen oder Handlungsprogrammen des Tieres selbst", zu den ursprünglichen Funktionen des Gehirns. „Hier schiebt sich jedoch die Barriere des Bewusstseins vor, und es mag sein, daß wir die äußeren Zeichen dieser Gehirntätigkeit (den Traum beispielsweise) nur bei unseren nahen Verwandten erkennen, obwohl sie bei anderen Arten eventuell auch auftreten könnte."[25]

Energiegewinnung durch ständig verbesserte Informationsverarbeitung zum Zweck der Informationsverbreitung ist die Zielvorgabe der Evolution und einziger Sinn und Zweck allen Lebens. Leben ist damit ein rein quantitatives Phänomen, zu messen an der Zahl der jemals hergestellten Kopien jemals existierender Varianten einer Urinformation. Leben ist das Verlangen nach immer mehr seinesgleichen; die Vielfalt des Lebens ist dazu, scheinbar paradox, die notwendige Voraussetzung.

---

[24]   Dawkins 2007, S. 122.
[25]   Monod 1996, S. 132 f.

MENSCHEN

Auch im 21. Jahrhundert ist die Überzeugung immer noch vorhanden, dass der Mensch eine besondere Schöpfung Gottes sei, neben allen anderen Arten von Lebewesen auf dieser Welt. Aber sosehr auch unsere herausragenden Eigenschaften ohne Weiteres erkennbar sind, so ist es genauso offensichtlich, dass wir anatomisch zu den größeren Säugetierarten zählen. Mit unseren nächsten Verwandten im Tierreich, den Schimpansen, haben wir achtundneunzig Prozent unserer genetischen Anlagen gemeinsam. Unser Platz im Tierreich lässt sich also klar erkennen und unsere Stammesgeschichte in groben Zügen sicher beschreiben.

Nach Meinung des Paläoanthropologen Richard Leaky hat sich die erste Hominidenart, definitionsgemäß eine Art Affe auf zwei Beinen, vor etwa sieben Millionen Jahren entwickelt.[26] Die Zweibeinigkeit, Bipedie ist eines der herausragenden Merkmale des Menschen, wobei die ersten zweibeinigen Affen lediglich in der Weise ihrer Fortbewegung menschlich waren. Sie lebten wahrscheinlich wie heutige Paviane der Steppe. „Herden von dreißig bis vierzig Individuen streiften damals in koordinierter Weise durch ein ausgedehntes Gelände (…).“[27]

Die erste menschliche Art mit einem großen Gehirn und einer Veränderung des Gebisses entwickelte sich zu einer Zeit, die früher liegt als vor zweieinhalb Millionen Jahren. Die Veränderung der Zähne ist wahrscheinlich eine Anpassung an eine veränderte Nahrung, bei der zu der bisherigen Pflanzenkost auch Fleisch hinzukam.[28] Aber auch die Vergrößerung des Gehirns steht in direktem Zusammenhang mit dem Verzehr von Fleisch

---

[26]   Leakey 1999, S. 57.
[27]   Leakey 1999, S. 41.
[28]   Vgl. Leakey 1999, S. 69.

als bedeutendem Energie- und Proteinlieferanten. Richard Leakey nimmt an, „daß die entscheidende Anpassung innerhalb des evolutionären Pakets des Frühmenschen ein nennenswerter Verzehr von Fleisch war".[29]

Die Menschwerdung, das heißt der Übergang vom Australopithecus zum Homo, vom aufrecht gehenden Menschenaffen zum Menschen, vollzog sich also in Anpassung an die besonderen Bedingungen zur Ausbeutung der Energiequelle Fleisch. Es war ein kumulativer Prozess der wechselseitigen Anhäufung von Energie und Information. Mehr Fleisch, also Energie, erlaubt eine Vergrößerung des Gehirns und Verbesserung der Informationsverarbeitung. Mehr Informationen sorgen für mehr Erfolg bei der Beschaffung von Fleisch, sprich Energie. Im Ergebnis ist das Gehirn eines Menschen etwa dreimal so groß wie das Gehirn eines Affen vergleichbarer Körpergröße.[30] Es sind die verbesserten Fähigkeiten zur Gewinnung und Verarbeitung von Informationen, die den Homo zu einer extrem erfolgreichen Art werden ließen. Er verbreitete sich über die ganze Welt und verdrängte dabei seine nächsten Verwandten, die Australopithecinen, so wie er bis heute immer weitere Lebensformen dieser Erde verdrängt, die seinem Wachstum im Wege stehen, und zwar mit steigender Tendenz.

Der Frühzeitmensch war demnach entweder Jäger oder Aasfresser oder beides zusammen – mit größter Wahrscheinlichkeit war er wohl in erster Linie ein Jäger.[31] Ein allmählicher, mehrere Millionen Jahre währender Prozess hat das Wesen eines Wildbeuters geformt, wie es ihn auch heute noch vereinzelt gibt; ein Mensch mit einer Sprache und einem Bewusstsein, der in einer Gemeinschaft lebt, in der Sammeln, Jagen und Verteilen der Nahrung im Vordergrund stehen.

---

29 Leakey 1999, S. 82.
30 Vgl. Leakey 1999, S. 82.
31 Leakey 1999, S. 87 ff., widmet dieser Frage ein ganzes Kapitel.

Das gemeinsame Beschaffen und Verteilen der Nahrung, heute würde man sagen die Produktionsverhältnisse, haben die Hirnentwicklung und damit das Denken der Menschen entscheidend mitgestaltet. Für den Verhaltensbiologen Andreas Paul beruht die Hypothese vom sozialen Ursprung der Intelligenz auf der Annahme, „daß soziale Beziehungen mit ihrem komplexen Gemisch aus Kooperation und Konkurrenz eine größere Herausforderung an die geistigen Fähigkeiten darstellen als die ‚feindlichen Kräfte der Natur‘".[32]

Die von Eigeninteressen bestimmte soziale Interaktion muss auch bei der Entwicklung der Sprache eine Rolle gespielt haben, denn nach Gerhard Roth dient Sprache weniger dem Austausch von Wissen und dem Vermitteln von Einsicht, sondern ist ein wichtiges Element gesellschaftlichen Zusammenlebens. In dem Zusammenhang weist er darauf hin, dass Wissen nicht übertragen, sondern nur wechselseitig, das heißt in Gemeinschaft, konstruiert werden kann.[33] Die Einmaligkeit der menschlichen Sprache steht sicher aber auch in direktem Zusammenhang mit der Einmaligkeit eines reflexiven Bewusstseins beim Menschen. Sprache hat vor allem da einen Sinn, wo es um die Beschreibung einer gedachten, einer virtuellen Situation geht, einer Handlungsplanung zum Beispiel.

Für die Entwicklung eines selbstreflexiven Bewusstseins beim Menschen gibt es eine plausible Erklärung von der Herstellung und dem Gebrauch von Werkzeugen her: Mit der handwerklichen Gestaltung eines Gegenstandes im Gedanken an seine spätere Verwendung entdeckte der Mensch sich selbst als virtuellen Akteur in Zeit und Raum. Mit der Herstellung von Hilfsmitteln entwickelte sich die beim Menschen besonders ausgeprägte Fähigkeit, die eigene Zukunft zu simulieren, Gefahren im Vorhinein zu erkennen und sich darauf vorzubereiten, mit der Herstellung von Waffen beispielsweise. Der praktische Nutzen eines Hilfs-

---

[32] Paul 1998, S. 239.
[33] Vgl. Roth 2001, S. 452 f.

26

mittels und der damit verbundene verbesserte Zugang zu mehr Energie hat direkten Einfluss auf die Entwicklung eines so Energie zehrenden Organs wie des Gehirns als Informationsspeicher. Ein Werkzeug repräsentiert eine beträchtliche Menge an Informationen und seine bewusste Herstellung führte in direkter Linie zur heutigen Informationsgesellschaft – in einem Prozess, der vor Millionen von Jahren zögerlich begann, um sich dann exponentiell zu entwickeln.

Mit der Bedeutung der Werkzeugherstellung für die Nahrungsbeschaffung verfeinerte sich seine in der Entwicklungsgeschichte bereits früh angelegte Greifhand und mit ihr die Gehirnzentren, die die Hand steuern. Alles begann, als vor zweieinhalb Millionen Jahren Frühmenschen anfingen scharfkantige Werkzeuge zu verfertigen, Abschläge von Lavabrocken, deren Form sich aus der Beschaffenheit des Rohstoffs ergab. Allein die Schlagbewegung erforderte bereits eine lange Praxis und die Koordinierung ganz bestimmter motorischer und kognitiver Fähigkeiten.[34] Aber schon einfache Abschläge eignen sich hervorragend, um Tierhäute aufzuschneiden und an das Fleisch von Tieren zu gelangen. Der technisch-wissenschaftliche Fortschritt hatte begonnen.

Mit dem Auftritt des Homo erectus vor 1,4 Millionen Jahren entstand eine neue Form der Herstellung von Werkzeugen, die Hinweise darauf gab, „daß die Werkzeugmacher ein inneres Bild von dem hatten, was sie herstellen wollten – daß sie dem von ihnen verwendeten Rohstoff bewußt eine bestimmte Form verliehen".[35]

Molekulargenetische Berechnungen haben gezeigt, dass „der Wandel von archaischen zu modernen Formen von *Homo sapiens* sich zuerst in Afrika vor etwa 100 000 bis 140 000 Jahren vollzogen hat und alle heute lebenden Menschen von dieser Population abstammen".[36] Nach der „Wiege-Afrika-Hypothese" haben sich

---

[34] Vgl. Leakey 1999, S. 60 ff.
[35] Leakey 1999, S. 64.
[36] Leakey 1999, S. 133.

die modernen Menschen innerhalb eines einzigen geographischen Raumes entwickelt, wanderten aus diesem Raum ab und breiteten sich in der übrigen Alten Welt aus, wo sie die dort lebenden prämodernen Populationen verdrängten.[37]

Das Erscheinen des menschlichen Geistes, so wie wir ihn heute kennen, fällt zusammen mit einem Quantensprung in der Werkzeugherstellung. „Vor rund 35 000 Jahren begannen Menschen in Europa, Werkzeuge in vollendeter Form herzustellen, die aus fein behauenen Steinabschlägen gearbeitet waren. Erstmals wurden Knochen und Hirschhorn als Rohstoffe zur Werkzeugherstellung benutzt. Das Werkzeug umfaßte jetzt über hundert verschiedene Gerätschaften, mit denen man unter anderem grobe Kleidung herstellen, Stein oder Knochen ritzen und Plastiken bearbeiten konnte. Zum erstenmal wurden Werkzeuge und Waffen künstlerisch bearbeitet.“[38] Der Homo sapiens war in Europa angekommen.

Jagen von Wild *und* Sammeln pflanzlicher Nahrung, ein Leben als Wildbeuter, ist die besondere Form menschlicher Existenzsicherung, über Millionen Jahre hinweg. Es handelt sich um eine äußerst effiziente Weise der Selbstversorgung, „da Wildbeuter häufig nur drei bis vier Stunden benötigen, um die Nahrung für einen ganzen Tag zu beschaffen“.[39] Aber die Jagd kann eine an einem Ort anwachsende Bevölkerungsgruppe nicht am Leben erhalten. „Der Grenzwert lag in der Savanne bei höchstens zwei Menschen pro Quadratmeile. (…) Für den Jäger stellt sich also die Alternative brutal eindeutig: hungern oder weiterziehen.“[40] Die Nutzung der effizienten Nahrungsquelle Fleisch hat die erfolgreichsten Vertreter ihrer Art zu Vertriebenen gemacht. Im ständigen Bestreben, zahlenmäßig zu wachsen, haben sie angefangen die Welt zu erobern.

---

[37]   Vgl. Leakey 1999, S. 120.
[38]   Leakey 1999, S. 128.
[39]   Leakey 1999, S. 89.
[40]   Bronowski 1976, S. 46.

Mit dem Aufstieg des Menschen zur Krone der Schöpfung konnte er der Forderung seiner Gene nach Vermehrung immer besser nachkommen, leichter wurde das Leben für ihn deshalb jedoch nicht, im Gegenteil: Das Bewusstsein von Zeit und Raum führt, neben allen Vorteilen, die es für die Fortpflanzung besitzt, zu einer besonderen psychischen Belastung. Sein in die Zukunft gerichtetes Denken lässt alle Gefahren dieser Welt vor seinem geistigen Auge aufscheinen; er wird sich seiner Endlichkeit bewusst und lebt in ständiger Todesangst. Die mit Bewusstsein begabten Menschen realisieren Gefahren, die auf sie lauern, nicht nur im Moment des Geschehens, sondern antizipieren sie in Gedanken und durchleben sie in ihrer Phantasie. Die sich daraus entwickelnde Angst ist eine schwere psychische Belastung.

Mit unserem Bewusstsein bekommt die Angst, seit Urzeiten ein überlebenswichtiger und Verhalten steuernder Reflex, eine andere Qualität dadurch, dass sie unterschwellig ständig in uns wirkt. So wird sie zum Handicap der Überlebensmaschine Mensch bei der Erfüllung des Auftrags ihrer Gene, sich zu vermehren und zahlenmäßig zu wachsen. Angst schwächt unsere Kampfbereitschaft, sie treibt uns zurück in die schützende Höhle, wenn wir eigentlich kämpfen sollten, sie schafft ein unbändiges Verlangen nach Sicherheit, nach Stillstand und paradoxerweise sogar nach Tod. Der Mensch ist das einzige Tier, das eine Todessehnsucht entfalten und sich selbst töten kann. Dennoch muss die Bereitschaft, für das Leben zu streiten, stets größer gewesen sein als die Angst, sonst wäre die Gattung Mensch bereits ausgestorben. Die Selektion schuf wirkungsvolle Methoden der Angstbewältigung. Das sind im Wesentlichen solche zur Unterdrückung der Selbsterkenntnis, zur Manipulation unseres Bewusstseins.

Das Streben nach Nahrung und das Streben nach Sicherheit sind absolut. Jeder Zweifel, jede denkbare Versorgungslücke bereitet Angst. Zum Leben und Überleben braucht der Homo sapiens ein leistungsfähiges Sicherheitskonzept, garantiert von einer unbedingten Gewalt. Jedoch betrifft dies gar nicht einmal so sehr die

Realität, sondern nur die Vorstellung, die ihn gefühlsmäßig genau so stimuliert wie die Realität. Zum Leben benötigen wir ein wenn auch nur scheinbar stringentes Narrativum, das den Zufall möglichst ausschließt, die Zukunft dingfest macht und uns in Harmonie zum Weltganzen einen sicheren Platz zuweist. „Alle Religionen, fast alle Philosophien und zum Teil sogar die Wissenschaft zeugen von der unermüdlichen, heroischen Anstrengung der Menschheit, verzweifelt ihre eigene Zufälligkeit zu verleugnen."[41] Die Menschen suchen überall nach einem Sinn für ihre Existenz, denn Sinnverlust erzeugt Angstgefühle.

Den Mathematiker und Anthropologen Jacob Bronowski bringt das Bild eines Bisons in der Höhle von Altamira, das vor siebzehntausend Jahren entstand, zu einer bemerkenswerten Überlegung: „In diesen Gemälden machte sich der Jäger mit Gefahren vertraut, von denen er wußte, daß er sich ihnen zu stellen hatte, die jedoch noch nicht auf ihn zugekommen waren. (…) Der Maler hatte den Augenblick der Furcht festgehalten, und der Jäger begab sich durch das Gemälde in dieses Gefühl hinein."[42] Kunst wird so gesehen zu einer Form der Angstbewältigung. Der Jäger konditioniert sein späteres Verhalten aus der bloßen Vorstellung heraus und lernt bereits im Vorhinein seine Angst zu unterdrücken.

Insgesamt jedoch bleibt mit dem Bewusstwerden die Angst ein ständiger Begleiter des Menschen und muss immer wieder neu besiegt oder verdrängt werden. Gemeint ist hier die Angst nach der Definition Byung-Chul Hans: „Im Gegensatz zur Furcht, die auf einen bestimmten Gegenstand bezogen ist, gilt die Angst dem *Sein als solchem*. Sie erfasst und erschüttert das *ganze* Dasein."[43]

Wie gesagt bilden Energie und Information zusammen die Grundvoraussetzung des Lebens, ihr Fehlen bedeutet Tod, jeder

---

[41]   Monod 1996, S. 54.
[42]   Bronowski 1976, S. 54 f.
[43]   Han 2014, S. 44.

Überschuss dagegen erzeugt umgehend Wachstum. Wachstum zehrt am Energievorrat und ungehemmtes Wachstum stellt das Überleben aller infrage. Es überleben die Menschen, die aufgrund ihres überlegenen Know-hows neue Energievorräte erschließen und nutzen können. Das geschieht in Verbindung mit einem tiefgreifenden gesellschaftlichen Umbruch und einer Neugestaltung der Produktionsverhältnisse. Es handelt sich um eine Revolution, die nicht bewusst herbeigeführt, sondern den Menschen von den sie beherrschenden materiellen Verhältnissen aufgezwungen wird. Wir haben es mit Etappen der Geschichte zu tun, in denen Wachstumshindernisse beseitigt werden. Der lange Arm der Gene reicht weit in unser gesellschaftliches Geschehen.

Ein solches Ereignis geschah vor gut elftausendfünfhundert Jahren mit der Erfindung der Landwirtschaft. Während Jacob Bronowski den Wandel vom Nomadenleben zum dörflichen Ackerbau als „größte(n) Einzelschritt beim Aufstieg des Menschen"[44] bezeichnet, ist für den Historiker Yuval Noah Harari die landwirtschaftliche Revolution „der größte Betrug der Geschichte". Nicht der Mensch habe den Weizen domestiziert, sondern umgekehrt, der Weizen habe die Menschen domestiziert, das heißt in Häuser eingesperrt, was ihnen gar nicht bekommen sei. Man kann völlig entgegengesetzter Meinung in der Bewertung dieser Zäsur unserer Lebensführung sein, je nachdem ob man die Quantität oder die Qualität des Lebens in den Vordergrund rückt. Ohne die Umstellung von tierischer auf pflanzliche Kost gäbe es nur einen Bruchteil der heute lebenden Menschen auf dieser Welt, denn über neunzig Prozent unseres heutigen weltweiten Energiebedarfs stammt aus Getreide. Damit verbunden hätte es die gesamte zivilisatorische Entwicklung nicht gegeben, wir wären Wildbeuter oder Nomaden geblieben, wie sie in Teilen dieser Welt noch leben. Vergleicht man die Lebensqualität eines Wildbeuters mit dem Los der in Elend lebenden Massen in der

---

[44]   Bronowski 1976, S. 64.

sogenannten Dritten Welt, kann man Harari verstehen, wenn er
von einem Betrug spricht. „Mit der landwirtschaftlichen Revolution nahm zwar die Gesamtmenge der verfügbaren Nahrung zu,
doch die größere Menge an Nahrungsmitteln bedeutete keineswegs eine bessere Ernährung oder mehr Freizeit. Im Gegenteil,
die Folgen waren eine Bevölkerungsexplosion und die Entstehung einer verwöhnten Elite. Im Durchschnitt arbeiteten die
Bauern mehr als die Jäger und Sammler und bekamen zum Dank
eine ärmere Kost.“[45]

Die Notwendigkeit, dem Boden durch Handarbeit Energie zu
entziehen, brachte ein völlig neues Element in die überkommene
Sozialstruktur: die Arbeit im Dienste anderer, die Arbeit im
Dienste einer verwöhnten Elite. Im Grunde handelt es sich dabei
um eine die Effizienz des Gesamtsystems steigernde Arbeitsteilung. Die Gesellschaft teilt sich in Ausbeuter und Ausgebeutete
und die Ausbeutung der menschlichen Arbeitskraft wird zur treibenden Kraft gesellschaftlichen Fortschritts. Die einen treibt die
nackte Not, die anderen die Sucht nach immer größerem Luxus.
Die daraus resultierende innere gesellschaftliche Spannung treibt
den Wachstumsmotor an, der Jahrtausende überdauert hat und
bis heute vortrefflich funktioniert. Der Fitteste nutzt sein Wissen
und mit ihm seine Macht, um die Früchte der Arbeit anderer an
sich zu reißen. Das Instrument dazu sind die verschiedensten
Formen der Gewalt, so wie sie historisch entstanden.

Der Wissende, angetrieben von der natürlichen Begierde, seinen
Energievorrat zu mehren, zwingt den Unwissenden zur Arbeit.
Er merkt, dass sein Nutzen steigt, je mehr Menschen für ihn
arbeiten, und tut alles Erdenkliche, um die Zahl seiner Untertanen zu vergrößern. Woran er in der Regel nicht denkt, ist die
Notwendigkeit, dass er die Menschen, deren Arbeitskraft er ausbeuten will, auch ernähren muss. Er muss seinen Energievorrat
mit ihnen teilen und wenn er sich verkalkuliert, ist der Energieaufwand für eine steigende Zahl Arbeitskräfte höher als der Nut-

---

[45]   Harari 2015, S. 104.

zen, den sie ihm bringen. Herrscher und Beherrschte geraten in Gefahr unterzugehen. Aus purem Eigennutz ist der Herrscher gezwungen, die Zahl seiner Untertanen zu vergrößern und gleichzeitig für das Wissen zu sorgen, wie man sie alle ernährt. Die objektiven Verhältnisse halten alle, Herren und Knechte, im Wachstumsprogramm der Gene gefangen.

Das angestrebte Wissen ist jeweils ein technisch-organisatorisches. Es geht darum, Hilfsmittel zu ersinnen, die die Agrarproduktion steigern, oder diese vor dem Zugriff Fremder zu sichern, also Waffen zu schmieden. Waffen sind besonders wichtig, weil sie nicht nur dem eigenen Schutz dienen, sondern man mit ihnen auch fremde Energievorräte plündern kann. Der Konkurrenzkampf um Energie auf allen Ebenen menschlichen Lebens treibt den Fortschritt und mit ihm das Wachstum der Menschheit voran. Sieger auf lange Sicht sind die Menschen mit dem besten Wissen um den Weg zur effizienten Energiegewinnung, die diesen Weg skrupellos und unter Einsatz ihres Lebens konsequent verfolgen. Mehr Lebensqualität ist dabei nicht zu erwarten. Jeder Versuch der Menschen, ihre Lebenslage durch das Anzapfen neuer Energiereserven zu verbessern, endet mit ihrer zahlenmäßigen Zunahme und mehr Mühsal als zuvor, um alle satt zu bekommen.

Zum nächsten epochalen gesellschaftlichen Umbruch kam es mit der Nutzbarmachung der offenen Verbrennung als neuer Energiequelle. Mit der damit verbundenen Zunahme der Arbeitsteilung hob zum Ausgang des Mittelalters eine in der Menschheitsgeschichte bisher unbekannte Ausbreitungswelle neuer Informationen über die ganze Welt an. In den von dieser Welle erfassten Ländern wandelte sich, unter der Parole von Freiheit und Gleichheit, die aus der Agrarwirtschaft hervorgegangene Feudalgesellschaft zur Industriegesellschaft und später zur globalen Industriegesellschaft.

Die Produktionsverhältnisse ordnen sich völlig neu. Die traditionelle Machtpyramide löst sich auf in eine Gesellschaft der vermeintlich Gleichen. Herrschaftswissen wird zum Allgemeinwissen, jeder verwaltet heute sein eigenes Know-how, es gibt weder Herren noch Knechte. Alle Menschen sind gleich in ihrem Streben nach Glück. Das abstrakte Glück wird repräsentiert vom konkreten Geld und das Streben nach Geld hält alles zusammen.

Der Idee nach repräsentiert eine bestimmte Menge Geld einen bestimmten Teil der abstrakten Arbeit, die alle Mitglieder einer Gemeinschaft zusammen erbracht haben, um die lebensnotwendige Energie herbeizuschaffen. Das Gerangel um Geld stellt den Versuch jeder einzelnen von ihren egoistischen Genen gesteuerten Überlebensmaschine dar, mit möglichst wenig eigener Arbeit möglichst viel der Gesamtarbeit zu ergattern. Für uns Menschen gerinnt der Überlebenskampf damit zu einem Kampf um Geld. Dieser Kampf aus eigenem Antrieb, ohne Fremdzwang, vermittelt das ersehnte Gefühl von Freiheit, weil er einem unbewussten, uns von den Genen auferlegten Wollen entspricht, dem Wollen zu überleben.

Auch hierbei hat der besser Informierte, unabhängig vom Zufall, in der Regel die Nase vorn. Alles dreht sich um die Verarbeitung von Informationen und eine immer bessere Hirnleistung. Dem Erfolgreichen in diesem Spiel winken Glücksgefühle, von denen er nicht genug haben kann. Aus eigenem Antrieb müht er sich, sein Wissen und seinen Erfolg ständig auszuweiten. Im Streben nach einem besseren Leben für sich und für seine Kinder müht er sich tagaus, tagein, seine ganz privaten Lebensverhältnisse zu verbessern.

Stets auf den eigenen Vorteil bedacht, kann er es jedoch nicht verhindern, dass sein Wissen und seine Arbeit auch anderen zugutekommen. Er kann nicht verhindern, dass diese anderen möglicherweise zu Konkurrenten werden und ihn damit zwingen, unablässig einen wenn auch noch so kleinen Wissensvorsprung ständig neu zu erkämpfen. So wird die ganze Menschheit dank der herausragenden Leistung einzelner Personen und ganzer Völker immer besser in der Beschaffung von Energie und bekommt dadurch die Möglichkeit, das Wachstumsprogramm menschlicher Gene auf der ganzen Welt voranzubringen. Der ganze wissenschaftliche Apparat einer Nation und der ganzen Welt erfüllt letztendlich nur den einen Zweck, den vorhandenen Energievorrat auszuweiten, seinen Nutzen zu optimieren, um immer mehr Menschen satt zu bekommen. Alles dient dem Bevölkerungswachstum direkt oder dem Luxus derjenigen, die auserkoren sind, das Genprogramm weltweit durchzusetzen.

Die besondere Bedeutung von Luxus und Reichtum erkannte bereits Adam Smith: „Von einer unsichtbaren Hand werden sie (die Reichen; Vf.) dahin geführt, beinahe die gleiche Verteilung der zum Leben notwendigen Güter zu verwirklichen, die zustande gekommen wäre, wenn die Erde zu gleichen Teilen unter all ihre Bewohner verteilt worden wäre; und so fördern sie, ohne es zu beabsichtigen, ja ohne es zu wissen, das Interesse der Gesellschaft und gewähren die Mittel zur Vermehrung der Gattung."[46] Ein ausgeklügelter, Wachstum fördernder Mechanismus wirkt im Verborgenen, „hinter dem Rücken der Akteure", wie Marx sich auszudrücken pflegte. Man kann es auch als „mephistophelisches Programm" beschreiben, wie es der Philosoph und Literaturwissenschaftler Joseph Vogl tut: „Die bürgerliche Gesellschaft, die sich als Milieu um den ökonomischen Menschen herum bildet, wird durch Intransparenz, durch ein Prinzip der Unsichtbarkeit regiert; es gibt keinen guten politischen Akteur, der mit Überblick und Einsicht das allgemeine Gute wollen und tun kann. Und gerade die Blindheit eigensüchtiger Interessen garantiert mehr als jede Klar- oder Übersicht die Verfolgung eines allgemeinen Zwecks."[47] Die Vermehrung der Gattung ist der allgemeine Zweck, und das Mittel ist die Ausbreitung einer Leben erhaltenden und Leben fördernden Information, heute über den gesamten Globus hinweg, unbewusst und freiwillig bereitgestellt von den Wissenden, zum Nutzen aller, auch der Unwissenden.

---

[46] Zitiert nach Vogl 2010, S. 43.
[47] Vogl 2010, S. 40 f.

Offenbar kann die Information, der wir unser Leben verdanken, ihr Ziel der Vermehrung nur dadurch erreichen, dass uns wesentliche Teile davon unbewusst bleiben, dass uns die Einsicht in unser eigenes Verhalten verwehrt bleibt. Der direkte Blick auf uns selbst ist uns von Natur aus genommen, nur indirekt, auf dem Umweg über die Naturwissenschaften, sind wir heute in der Lage, ein realistisches Bild von uns selbst zu rekonstruieren.

Im Vordergrund steht dabei die Einsicht, dass unser Verhalten, unsere Vernunft und unser Verstand ganz wesentlich von den unbewussten Regionen unseres Gehirns, dem limbischen System und dessen emotionalem Erfahrungsgedächtnis, beeinflusst werden. Gerhard Roth erläutert: „Das limbische System bewertet alles, was wir tun, nach gut oder lustvoll und damit erstrebenswert bzw. nach schlecht, schmerzhaft oder nachteilig und damit zu vermeiden und speichert die Ergebnisse dieser Bewertung im emotionalen Erfahrungsgedächtnis ab. Bewusstsein und Einsicht können nur mit ‚Zustimmung‘ des limbischen Systems in Handeln umgesetzt werden."[48]

Schnelle Entscheidungen zu treffen, ist der Hauptzweck eines Gehirns. Die Schnelligkeit einer Handlung entscheidet häufig über Leben und Tod. Das gilt sowohl im Dschungel als auch auf einer Autobahn. Deshalb fallen Entscheidungen in aller Regel unbewusst, aus einer bestimmten Stimmungslage heraus; der Weg über das Bewusstsein wäre viel zu langsam. Bewusst können wir uns auf Handlungsabläufe konditionieren, vor allem aber dient das Bewusstsein der Handlungsplanung. Die bewusst arbeitenden kortikalen Zentren unseres Gehirns können zwar schnell und kreativ große Mengen an Informationen verarbeiten, „aber sie sind unemotional und können nichts entscheiden".[49] Die besondere Bedeutung unbewusster Gefühle bestätigt auch eine Beobachtung von Stanisław Lem: „Der Modus des Gefühlslebens

---

48   Roth 2001, S. 451 f.
49   Psychologie heute, Heft 2/2002, S. 46.

scheint übrigens in höherem Maße erblich determiniert zu sein als die Modalitäten des Intellekts."[50]

Auch für Ian Morris liegt der Motor des Fortschritts im unbewusst handelnden Menschen, und zwar handelt dieser Mensch, dem Morris-Theorem nach, aus Faulheit, Angst und Gier: „Veränderungen werden von faulen, habgierigen, verängstigten Menschen bewirkt, die nach leichteren, profitableren und sichereren Wegen suchen, etwas zu tun. Und sie wissen nur selten, was sie eigentlich tun."[51] Es beschreibt das von den Genen eingerichtete Basisprogramm zur Steuerung unseres Verhaltens in einer unvorhersehbaren Umwelt treffend: Faulheit schont die eigenen Energiereserven und erlaubt uns, träumend in die Zukunft zu schauen, um zum Beispiel zu überlegen, wie man am besten von der Energie und Arbeit anderer profitiert. Habgier macht den Weg frei für den schnellen Zugriff auf alles, was man zum Leben braucht. Angst verpflichtet uns, stets an unsere eigene Sicherheit zu denken. In den Koordinaten dieser drei Grundstimmungen entwickelt sich ein emotionales Erfahrungsgedächtnis, als Grundlage unseres dem Handeln vorausgesetzten Wollens.

Richard Dawkins ist dagegen der Ansicht, das menschliche Bewusstsein sei „der Höhepunkt eines evolutionären Trends zur Emanzipation der Überlebensmaschinen als der ausführenden Entscheidungsträger von ihren heimlichen Gebietern, den Genen. (...) Es (das Gehirn; Vf.) verleiht der Überlebensmaschine sogar die Macht, gegen das Diktat der Gene zu rebellieren, beispielsweise indem sie sich weigert, so viele Kinder zu haben, wie sie könnte."[52] Das zielt auf die Existenz eines freien Willens beim Menschen. Die Feststellung Gerhard Roths ist jedoch eindeutig: „Die subjektiv empfundene Freiheit des Wünschens, Pla-

---

[50]   Lem 1983, S. 260.
[51]   Morris 2011, S. 36.
[52]   Dawkins 2007, S. 123.

nens und Wollens sowie des aktuellen Willensaktes ist eine Illusion."[53]

Das Bewusstsein hat rein instrumentellen Charakter. Es hilft uns, Zukunftsprognosen zu erstellen und gute Vorsätze zu fassen. Es verschafft uns die Möglichkeit, das Know-how des Lebens auf entscheidende Weise zu erweitern. Wir können planen und uns auf ein bestimmtes Verhalten hin im Vorhinein konditionieren. Die Handlung selbst aber entspricht der Art einer situativen Selbstrettung, ziellos auf den Moment gerichtet, allen guten Vorsätzen zum Trotz, gesteuert von unbewussten Zentren in unserem Gehirn, die alle nur dem Diktat der Gene folgen, Wachstum zu generieren, ohne Rücksicht auf das Wohl und Wehe ihrer Überlebensmaschine.

Es ist allgemein bekannt, dass die durchschnittliche Zahl der Kinder mit wachsendem Wohlstand einer Gesellschaft abnimmt. Das sieht tatsächlich nach einer Emanzipation der Überlebensmaschine von ihren Genen aus, mit dem Ziel, eine höhere Lebensqualität für sich selbst zu erlangen und damit der Hypothese vom grenzenlosen Wachstum zu widersprechen. Allerdings gilt dies nur für Länder mit einer entwickelten Geldwirtschaft und einer darauf gegründeten Alterssicherung, für die Weltbevölkerung insgesamt gilt es nicht, sie wächst verstärkt weiter.

Kinder großzuziehen, bedeutet Selbstausbeutung zum Wohle anderer. Jedes Individuum riskiert dabei sein eigenes Leben oder schränkt es mindestens ein, denn jeder Nachkomme zehrt an dem lebenswichtigen Energievorrat, den die Umwelt nur begrenzt bereithält. Je erfolgreicher ein Organismus also dem Auftrag seiner Gene folgt und sich vermehrt, desto größer wird die Wahrscheinlichkeit, dass für ihn selbst nichts übrig bleibt.

Dieser Zusammenhang, über den ein Tier nicht nachdenken kann, ist einem Menschen ohne Weiteres bewusst. Er ist sich gleichzeitig bewusst, dass Nachkommen, vor allem männliche,

---

[53]   Roth 2001, S. 453.

ihm bei der Nahrungsbeschaffung und der Abwehr von Feinden von großem Nutzen sein können. Neben einem starken Sexualtrieb ist es beim Menschen also das natürliche Streben nach Nahrung und Sicherheit, das auf eine zahlreiche Nachkommenschaft drängt. Erfolgreich ist sein Streben aber nur, wenn die Aufzucht der Jungen auf Dauer nicht mehr Energie verbraucht, als diese später einbringen.

Eine Kosten-Nutzen-Rechnung ist unabdingbar. Hierin liegt die Hauptaufgabe des Gehirns, bewusst oder unbewusst dreht sich alles darum, Wege zu finden, die Kosten zu senken und den Nutzen zu mehren.

Mit dem Aufkommen der Geldwirtschaft ersetzt das Verlangen nach Geld mehr und mehr das Verlangen nach Kindern, weil man sein Leben besser durch den Besitz von Geld als von Kindern gesichert sieht. Geld löst scheinbar die Quadratur des Kreises, es garantiert Nahrung und Sicherheit zugleich, zumindest in der Vorstellung der Menschen, und das Bild, die Fiktion erzeugt die gleichen Gefühle im Menschen wie die Wirklichkeit. Der Glaube an die wunderbare Kraft des Geldes prägt das Leben in einer kapitalistischen Gesellschaft, weniger Kinder sind die logische Folge.

Es verhält sich so, wie Ian Morris es beschreibt: „Gesellschaftliche Entwicklung bringt genau jene Kräfte hervor, die ihr weiteres Wachstum behindern."[54] Ein tüchtiges Volk wächst und gedeiht und erschafft dann am Ende selbst die Bedingungen seines Niedergangs wie viele große Völker vorher. Der Hauptgrund für diese Regelmäßigkeit liegt darin, dass sich Informationen nicht einsperren lassen. Sie suchen und finden immer wieder einen Weg, sich auf der Welt auszubreiten, in immer neuen, den gegebenen örtlichen Verhältnissen angepassten Variationen von Überlebensmaschinen. Das Know-how eines erfolgreichen Volkes verbreitet sich in historisch immer kürzeren Abständen um die ganze Erde und befördert so das Wachstum der Erdbevölke-

---

[54]   Morris 2011, S. 36.

rung in den Ländern, die weniger reich sind und deren Kosten-Nutzen-Rechnung zur Zeugung möglichst vieler Nachkommen rät. Es ist sicher so, dass diese Rechnung bei den meisten Menschen völlig unbewusst vonstattengeht.

Technisch hoch entwickelte Völker liefern Wachstum förderndes Know-how in Form hochwertiger Investitionsgüter und auch direkt Nahrungsmittel in großen Mengen an weniger entwickelte Länder, im Tausch gegen minderwertigere oder überflüssige Verbrauchsgüter und Dienstleistungen. Und wenn diese nicht in ausreichendem Maße vorhanden sind, gewährt man großzügig Kredit. Dieser Tausch ist in hohem Maß ungleich, was im Konsumrausch einer Spaßgesellschaft und geblendet vom Geldreichtum jedoch gar nicht wahrgenommen wird. Man ist sogar stolz auf einen möglichst großen Exportüberschuss und spürt ein Erfolgserlebnis, auf das man nicht verzichten möchte, allen logischen Überlegungen zum Trotz. Nur die in einer Geldwirtschaft vollzogene Entfremdung des Menschen vom Produkt seiner Arbeit macht einen solchen Vorgang überhaupt möglich. Den Menschen fehlt jeder Bezug zum Wert der geleisteten eigenen Arbeit und zum Wert der von ihnen produzierten Güter. Es fehlt ihnen damit die Möglichkeit, den ungleichen Tausch auf Anhieb zu erkennen.

Wenn ein reiches Volk aufhört zu wachsen, zieht es Menschen aus anderen, übervölkerten Ländern zu sich – nicht aus Hilfsbereitschaft, sondern weil im eigenen Land die leicht auszubeutenden Arbeitskräfte fehlen, die eine alternde Gesellschaft braucht, um ihren inzwischen gewohnten luxuriösen Lebensstil nicht nur weiterzuführen, sondern möglichst noch zu steigern. Die höhere Geburtenrate bei den Zuwanderern sorgt dafür, dass sie irgendwann zur Mehrheit werden.

Hat ein in der technischen Entwicklung zurückgebliebenes, aber dennoch im Gebrauch und in der Herstellung von Werkzeugen geübtes Volk, wie zum Beispiel die seit Jahrtausenden sesshaften Chinesen, selbst das Potenzial, neues Wissen nicht nur aufzunehmen, sondern erfolgreich weiterzuentwickeln, wird es das tun. Es wird zum Konkurrenten der bestehenden Vormacht und über kurz oder lang kann es das alte Know-how übertrumpfen, eine neue Ära technisch-wissenschaftlicher Entwicklung einläuten und damit das Machtgefüge der Welt neu bestimmen.

Dieser historische Prozess hat zur Bedingung, dass er „hinter dem Rücken" der Akteure verläuft, also unbewusst bleibt. Jeder vernünftige Mensch eines hochentwickelten Landes würde seine Arbeit, die er in völliger Freiheit und daher mit hoher Effizienz ausübt, sofort niederlegen, wäre ihm bewusst, dass seine Zukunft umso gefährdeter ist, je mehr er sich anstrengt und dass er mit seiner Arbeit fremde Kinder ernährt, die die Zukunft der eigenen Kinder gefährden. Menschen können zwar auf lange Sicht planen, aber nicht *handeln*, ein kurzfristiger Vorteil macht jede langfristige Planung zur Makulatur. Die Sucht nach immer mehr Luxus macht die Reichen blind für ihre wahre Situation.

Hier zeigt sich die Dialektik des menschlichen Bewusstseins. Die Fähigkeit, mehr Wissen anzusammeln und zu verarbeiten als alle anderen Lebewesen, hat uns zur Krone der Schöpfung aufsteigen lassen, aber nur deshalb, weil wir gleichzeitig die Fähigkeit besitzen, bestimmtes Wissen vor uns selbst zu verbergen, uns selbst zu betrügen.

Woher die Fähigkeit zum Selbstbetrug stammt und wie sie sich evolutionär gebildet hat, dafür liefert der Soziobiologe und Evolutionsbiologe Robert Trivers eine überzeugende Theorie: „Wenn beispielsweise (wie Dawkins behauptet) Täuschung bei der Kommunikation unter Tieren unerläßlich ist, muß ein starker Selektionsdruck dahingehend bestehen, diese zu entdecken, und das müßte wiederum zur Selektion auf einen gewissen Grad der Selbsttäuschung führen; bestimmte Fakten und Motive müßten unbewußt werden, um die praktizierte Täuschung nicht durch die unterschwelligen Zeichen der Selbstkenntnis zu verraten. Die konventionelle Ansicht, die natürliche Selektion begünstige Nervensysteme, die immer exaktere Bilder der Welt hervorbringen, kann also nur eine naive Vorstellung von der geistigen Evolution sein."[55] Dieselbe Evolution, die uns ein Bewusstsein beschert hat, hat auch die Möglichkeit geschaffen, es uns jederzeit wieder zu vernebeln.

Die Bereitschaft zu Täuschung und Selbsttäuschung entspringt einer momentanen Stimmungslage, erzeugt in der direkten Begegnung der Menschen miteinander, von Angesicht zu Angesicht also. Die Spiegelneuronen in unserem Gehirn verschaffen uns die Möglichkeit, uns in die Gedanken- und Gefühlswelt eines Gegenübers hineinzuversetzen. Im Erkennen und Deuten feinster Regungen des Gesichts ist unser Gehirn besonders geschult. In einem Täuschungsmanöver geht es also darum, die „unterschwelligen Zeichen" der Täuschungsabsicht zu verbergen. Weil es letztlich ein Gefühl ist, das uns diese verräterischen Zeichen ins Gesicht brennt, verlangt erfolgreiches Täuschen das Verdrängen der eigenen an eine aktuelle Situation gebundenen Gefühle und ihre Ersetzung durch unverdächtigere. Durch Manipulation der Gefühle also gelingt uns das Kunststück, eigenes Wissen vor uns selbst zu verbergen und uns selbst zu betrügen. Völlig unbewusst machen wir hiervon ständig Gebrauch. Nicht das aufgeklärte Bewusstsein bestimmt unser Verhalten, sondern die tief in unserem Innern erzeugten Gefühle.

Eine Form des Selbstbetrugs, das oben angeführte eigensüchtige Interesse der Tüchtigen und Erfolgreichen, das keine Weitsicht zulässt, ist die treibende Kraft für den historischen Prozess des Werdens und Vergehens großer Völker. Allein die Einsicht in diese Zusammenhänge und die banale Feststellung, dass man Geld nicht essen kann, könnten das Rad der Geschichte aufhalten. Leider müssen wir davon ausgehen, dass eher ein Kamel durch ein Nadelöhr geht, als dass jemand, der vom aktuellen Wohlstand profitiert, einer Änderung des Bestehenden zustimmen würde. Für einen kurzfristigen Luxus verschwendet der

---

[55]   Trivers in Dawkins 2008, S. 28.

Erfolgreiche sein über viele Generationen erarbeitetes Erbe, ohne Rücksicht auf seine Nachkommen.

Die Globalisierung hat das Anwachsen der Weltbevölkerung enorm beschleunigt, und zwar auf Kosten und zu Lasten der westlichen Industrienationen. Sie haben die geistige Arbeit geleistet, sie haben das Know-how geliefert und merken heute zu ihrer Überraschung, dass sie dadurch nicht reicher, sondern zunehmend ärmer werden, ihre Schuldenlast ist erdrückend und wächst unaufhaltsam weiter. Bei den Betroffenen verbreitet sich ein Unbehagen, man möchte den Prozess der Globalisierung am liebsten umkehren, was natürlich nicht möglich ist – der große Irrtum der Konservativen, die da glauben, man könne das Rad der Geschichte zurückdrehen. Die Ratlosigkeit ist groß und die entstandene Unsicherheit erzeugt weltweit ein gefährliches Konfliktpotenzial.

Solange die Sonne den Menschen allein über ein natürlich begrenztes Pflanzenwachstum Energie lieferte, blieb auch unser Wachstum begrenzt. Mit der Entdeckung und Ausbeutung fossiler Energien zusammen mit einer in kürzester Zeit enorm angewachsenen Wissensfülle jedoch ist die Erdbevölkerung geradezu explodiert. Die Energievorräte reichen, um eine immer noch wachsende Anzahl Menschen zu ernähren. In diesem Wachstumsrausch übersehen oder verdrängen wir aber ein Problem, das direkt mit dem Einsatz fossiler Energieträger verbunden ist, die Müllentsorgung. Es sind die sichtbaren, sich auf dem Land und im Wasser ansammelnden Müllberge, vor allem aber die unsichtbaren sich in der Luft anreichernden sogenannten Klimagase, die das Potenzial besitzen, die Menschheit in absehbarer Zeit auszulöschen. Nicht der Mangel wie in vergangenen Zeiten ist unser Problem, sondern der Überfluss in Form des von ihm erzeugten Mülls.

Wir sitzen in der Klemme zwischen wachsender Erdbevölkerung und wachsender Umweltzerstörung. Mit dem Einsatz fossiler Energien und der Atomenergie haben wir die Büchse der Pandora geöffnet und eine negative Entwicklung der Umweltbedingungen eingeleitet, die verheerende Folgen für alles Leben auf dieser Welt haben wird. Unsere Gene wissen nichts davon, woher sollten sie? Ihr langer Arm zwingt uns ein Verhalten auf, das auf ein „Weiter so" gerichtet ist und nur im Chaos enden kann. Mit der Globalisierung sitzen wir alle in einem Boot, Reiche und Arme, Wissende und Unwissende, die gesamte Menschheit. Es ist der Zeitpunkt gekommen, uns von den Genen zu emanzipieren, das Know-how und die Mittel dazu hätten wir. Ein großes Projekt steht uns also bevor: Mithilfe des gewaltigen Informationsvorrats der Wissenschaften müssen wir einen Weg finden, das Bevölkerungswachstum und gleichzeitig den Einsatz fossiler Energien zu stoppen – die einzig denkbare Lösung für ein Fortbestehen der Menschheit.

KAMPF

Woraus die ersten Replikatoren bestanden, ist ungewiss, aber seit über drei Milliarden Jahren bildet ein aus wenigen Elementen aufgebautes Kettenmolekül, verkürzt DNA genannt, die Grundlage der Vererbung. Auf solchen mehr oder weniger langen Molekülen sind alle zur Replikation erforderlichen Informationen in einem digitalen Code gespeichert. Nach Bedarf ein- oder abgeschaltete Bereiche der DNA, die Gene, befehligen den Bau und das Verhalten eines Organismus, der ihnen als Vehikel zu ihrer Vermehrung dient. Weil das Überleben aller Gene eines Genoms folglich an das Überleben ihres Vehikels gebunden ist, sind sie gemeinsam verpflichtet, es so auszustatten, dass es im Kampf mit einer feindlichen Umwelt, zu der auch alle anderen Vehikel gehören, bestehen kann.

Obwohl so zu gemeinsamem Handeln verpflichtet, entwickelt sich die effizienteste Ausstattung des Vehikels scheinbar paradox aus der Konkurrenz der einzelnen Gene untereinander. Die natürliche Auslese ersetzt ein Gen mit einem bestimmten Informationsgehalt durch ein anderes mit einer zweckdienlicheren Information. Dieses Aufrüsten der egoistischen Gene für den Überlebenskampf im Genpool der Art, in dem das den gegebenen Verhältnissen angepasstere Gen immer das weniger gut angepasste ausschaltet, bildet das grundlegende Prinzip, auf dem die Evolution voranschreitet.

Der evolutionäre Prozess hat damit die Form eines Wettrüstens unter dem Anspruch, zu fressen und nicht gefressen zu werden. Leben verlangt nach Nahrungsaufnahme und nach Sicherheit vor Nahrung suchenden Fressfeinden.

Die Überlebensmaschinen respektive Vehikel sind für den Kampf um Ressourcen in einer feindlichen Umwelt von den

Genen konstruiert. Sie sind äußerst phantasievoll mit Zähnen, Klauen, Fangarmen, Giftspritzen und allerhand anderen Furcht erregenden Waffen ausgerüstet; es sind alle Mittel recht, die dazu beitragen, die langfristigen Überlebenschancen ihrer Gene zu maximieren. Sie sind strategisch geschult und besitzen die Fähigkeit des Kalküls, so können sie bis zu einem gewissen Grad „berechnen", ob ein Kampfeinsatz sich lohnt oder besser zu vermeiden ist. Vor allem besitzen sie eine unerschütterliche Kampfmoral, todesmutig stellen sie sich jeder Bedrohung entgegen. Diese innere Haltung, ein Lebenstrieb, der den Tod nicht fürchtet, entspringt dem machtvollen Verlangen ihrer Gene, keine Gelegenheit auszulassen, Kopien von sich selbst herzustellen.

Unter den harten Bedingungen mehrerer langer Eiszeiten lebten die Menschen in kleinen Gruppen und töteten Tiere, um deren Fleisch zu essen. Der Tod des Tieres bildete die Lebensgrundlage des Menschen. Sein Lebenstrieb ist seit jener Zeit aufs Engste verknüpft mit der Bereitschaft zum offenen Kampf und dem Verlangen zu töten, bei Überwindung der Angst, selbst getötet zu werden.

Der Kampf Mensch gegen Tier wurde ein zunehmend ungleicher Kampf. Mit der Fähigkeit, mit Hirn und Hand immer wirkungsvollere Waffen herzustellen, vor allem aber durch ihr Vermögen, andere Individuen zu überlisten, sie zu täuschen, ihnen einen im Voraus berechneten Zwang aufzuerlegen, aus dem es auch mit Brachialgewalt kein Entkommen gab, gewannen die Menschen den entscheidenden Vorteil gegenüber der Tierwelt. Sie konnten immer leichter Tiere erbeuten, sich immer besser ernähren und immer schneller wachsen.

Wie jede Entwicklung setzte auch diese sich ihre eigenen Grenzen. Irgendwann gab es zu wenig Beutetiere zur Ernährung der stark gewachsenen Bevölkerung. An einem solchen Punkt sorgt die Natur mit Hunger und Seuchen wieder für ein dynamisches Gleichgewicht zwischen Bevölkerungsdichte und Nahrungsangebot. Die Menschheit konnte ihren Wachstumsprozess nur deshalb fortsetzen, weil sie in der Lage war, eine neue von der Natur angebotene, ergiebigere Energiequelle, den Getreideanbau, zu entdecken und auszubeuten.

Die Nutzung von Getreide als neuem Energiespender erzwang eine völlig veränderte Lebensweise. Der Lebenskampf fand nun nicht mehr zwischen Mensch und Tier, sondern unter den Menschen selbst statt. Der Gefährte im gemeinsamen Kampf gegen das wilde Tier wurde durch die neue Wirtschaftsweise zum potenziellen Feind.

Die Existenzgrundlage für alle auf Ackerbau angewiesenen Menschen sind der gleiche fruchtbare Boden und der gleiche Wasservorrat, um deren Zugang sie unweigerlich in Konkurrenz zueinander geraten. Die Umstände zwingen sie, einander auszuweichen oder gegeneinander zu kämpfen und dem Stärkeren das Feld zu überlassen.

Weil das fruchtbare Land begrenzt ist, rücken die Menschen immer näher zusammen, sie bilden Gruppen, um sich vor anderen Gruppen zu schützen, die auf gleiche Weise entstanden sind. Innerhalb der Gruppe sind blutige Auseinandersetzungen zunehmend tabuisiert. Nach außen dagegen wird das Töten zur Pflicht, denn im Kampf mit anderen Gruppen ist bei Waffengleichheit allein die Zahl der Kämpfer, die jede Seite bereitstellen kann, kampfentscheidend. Dieser Sachverhalt erzwingt eine Entwicklung hin zu immer größeren Gruppen und einer immer wirkungsvolleren Waffentechnik.

Je erfolgreicher eine Gruppe kämpft und je schneller sie wächst, desto mehr fruchtbares Land benötigt sie. Mit der so auf völlig natürliche Weise in Gang gesetzten Folge ständiger Kämpfe um fruchtbares Land, begleitet von anhaltendem Wettrüsten, wurden die Gruppen immer größer und die Menschen immer mehr auf dieser Welt.

Mit einer neuen Qualität in der Beherrschung des Feuers, mit dem Auftauchen von Feuerwaffen vor mehr als 600 Jahren, ging dieser Kampf um Land in seine letzte Phase. Immer weniger, dafür aber immer größere und mächtigere Gruppen von Menschen teilen am Ende den Erdball unter sich auf. Die allgemeine Angst vor der furchtbaren Wirkung der Atomwaffen lässt diesen Zustand erstarren.

Unterhalb der Schwelle eines alles Leben vernichtenden Atomkrieges kämpfen die Menschen unaufhaltsam weiter um ihre Existenz, auch mit den Mitteln des Krieges, wenn ihnen sonst jede Lebensperspektive genommen ist. Letztendlich ist das immer ein Kampf um Nahrungssicherheit. „Die Gewalthandlungen finden vor allem im Streit um jene Dinge statt, die (…) einen intrinsischen Wert besitzen. Es handelt sich um Dinge, die das primäre Bedürfnis befriedigen."[56]

Der verzweifelte Mensch hat nur die Wahl zwischen Resignation oder Kampf und falls sich die Gelegenheit bietet, wird er kämpfen. Er wird andere Menschen töten, um das eigene Leben zu retten, auch auf die Gefahr hin, selbst getötet zu werden. Er wird nach Kampfgefährten suchen, und zwar zunächst in der Familie, bei der Genverwandtschaft. Darüber hinaus wird er sie bei Geistesverwandten, also innerhalb seines Kulturkreises, suchen und finden. So bekommt eine Kultur ihre Bedeutung vor allem als Kampfgemeinschaft. Der „Kampf der Kulturen" ist die natürlichste Form des Krieges. Entsprechend ist eine „multikulturelle" Gesellschaft unfähig, eine gemeinsame Kampfmoral zu entwickeln.

Kriegsentscheidend ist die Zahl der Kämpfer, deren Kampfmoral und die Qualität ihrer Waffen, die sie benutzen. In einem „asymmetrischen" Krieg, bei sehr ungleicher technologischer Unterstützung, siegt im ersten Anlauf wahrscheinlich die Seite mit der überlegenen Waffentechnik. Ist der Gegner nicht endgültig vernichtet, wird auf Dauer die von den Genen gesteuerte Kampfmoral zum alles entscheidenden Moment. Es wird wahrscheinlich die Gruppe überleben, die alles riskiert und vor dem Tod nicht zurückschreckt.

---

[56]　Han 2012, S. 19.

Die aktuellen Ereignisse in Mesopotamien, der Wiege westlicher Kultur, zeigen das überdeutlich. Aus sicherer Entfernung schießen hochgerüstete US-Amerikaner Hightechgeschosse, ohne entscheidende Wirkung, auf eine Gruppe entschlossener Kämpfer in scheinbar aussichtsloser Position. Die Amerikaner haben den Kampf in direkter Berührung mit dem Feind aufgegeben, so wie es der frühere Verteidigungsminister Robert Gates in seiner Abschiedsrede 2011 in West Point verlangte: „Aber meiner Meinung nach sollte jeder künftige Verteidigungsminister, der dem Präsidenten rät, erneut ein großes Kontingent Bodentruppen nach Asien oder in den Mittleren Osten oder nach Afrika zu senden, seinen Kopf untersuchen lassen (…).“[57] Eine hochgerüstete Weltmacht erklärt sich selbst für kampfunfähig. Die USA haben damit eine Fähigkeit verloren, die sich nicht durch Geld oder Material ersetzen lässt, sondern umgekehrt langfristig ihren finanziellen Ruin bedeutet.

Wer nicht bereit ist, sein Leben mit seinem Leben zu verteidigen, hat es schon verloren. Waffen können genauso wie Maschinen die Wirkkraft des Menschen verstärken, den Menschen selbst aber niemals ersetzen. Nur Lebendiges spürt den Drang, fürs eigene Leben und das seiner Nachkommen zu kämpfen und notfalls dafür zu sterben. Das tun sie deshalb, weil sie in Wahrheit gar nicht für *ihr* Leben kämpfen, sondern für das in die Ewigkeit gerichtete Leben ihrer Gene, die immer wieder geboren werden und immer wieder von den Toten auferstehen. Die Überlebensmaschine muss per se früher oder später immer einer neuen, den sich ändernden Verhältnissen besser angepassten Platz machen; wir sind deshalb nur „Wegwerf-Überlebensmaschinen“.

Der Kampf ist der wahre Schöpfer des Lebens. Er setzt die Energie frei, die menschliches Leben braucht, um zu wachsen. Das gilt auch für den gesellschaftlichen Innenbereich. Ist der

---

[57]   Gates 2011: „But in my opinion, any future defense secretary who advises the president to again send a big American land army into Asia or into the Middle East or Africa should ‚have his head examined,‘ (…)“.

äußere Feind besiegt, geht der Kampf im Innern weiter. Der Kampf etabliert eine Hierarchie der Macht. Er sorgt dafür, dass die Stärksten und Habgierigsten den Weg vorgeben, auf dem die Gruppe voranschreitet. Ihr Egoismus wird zur treibenden Kraft gesellschaftlichen Fortschritts und bringt das Wachstum aller voran.

Mit Beginn der Agrargesellschaft wird die gemeinsam erbrachte Arbeitsleistung zur Grundlage des Reichtums einer Gesellschaft. Der Erfolgreichste im Überlebenskampf ist von nun an derjenige, der es am besten versteht, die Arbeitsleistung seiner Mitmenschen für sich selbst nutzbar zu machen. Das gelingt durch offene Gewalt oder verdeckte List.

Mit zunehmender Arbeitsteilung werden die Tauschverhältnisse immer komplizierter und unübersichtlicher. Der Wert einer Ware oder einer Leistung ist immer schwieriger abzuschätzen. Die kognitiv anspruchsvolle List und das bessere Know-how werden damit im Überlebenskampf immer bedeutsamer und verdrängen und bezwingen zunehmend die physische Gewalt. Die Praxis des ungleichen Tausches, des Versuchs also, seinen Mitmenschen zu täuschen, wird zunehmend zum Angelpunkt zwischenmenschlicher Auseinandersetzung, und zwar auf allen Beziehungsebenen.

Mit unserem egoistischen Streben nach dem eigenen Vorteil, verbunden mit der Achtsamkeit, nicht von anderen getäuscht zu werden, geraten wir Menschen unweigerlich in einen Wettstreit von gegenseitigen Betrügern. „Täuscher und Getäuschte sind in einem gemeinsamen Evolutionskampf gefangen, der auf beiden Seiten zu einer ständig verbesserten Anpassung führt. Eine solche Anpassung ist die Intelligenz. Eindeutige, überwältigende Belege sprechen dafür, dass die Entlarvung der Täuschung und oft auch die Täuschung selbst in der Evolution der Intelligenz wichtige Triebkräfte waren. Vielleicht ist es paradox: Die Unehrlichkeit war ein Wetzstein, an dem die intellektuellen Werkzeuge zur Wahrheitsfindung geschärft wurden."[58]

Weniger mit Körperkraft als mit Intelligenz erkämpft sich jeder seinen Platz im Machtgefüge einer Gesellschaft. Um andere für eigene Zwecke auszubeuten, bedarf es vor allem sozialer Intelligenz. Dazu gehört, dass man seine Grenzen kennt, seine Glaubwürdigkeit nicht gefährdet und Sanktionen der Gruppe vermeidet. Das bedeutet zusammen genommen, dass jeder aufgefordert ist, den anderen, wo es geht, über seine wahren Absichten zu täuschen, und derjenige, der die Kunst zu täuschen und zu betrügen am besten beherrscht, die größten Chancen besitzt, seine Gene weiterzugeben. „Von besonderem Interesse sind die ‚raffinierten Betrüger', bei denen es so aussieht, als revanchierten sie sich, die aber durchweg etwas weniger zurückzahlen, als sie erhalten. Es ist sogar möglich, daß sich das vergrößerte Gehirn des Menschen und seine Veranlagung für mathematisches Denken als ein Mechanismus immer ausgefalleneren Betrügens und immer scharfsinnigeren Erkennens von Betrug bei anderen herausgebildet hat."[59]

In der kapitalistischen Gesellschaft hat jeder das Recht und die Freiheit, sich mit seinem persönlichen Know-how einen persönlichen Vorteil auf Kosten aller anderen zu verschaffen. Der Kampf jeder gegen jeden, bei dem alles zu gewinnen, aber auch alles zu verlieren ist, bildet den inneren Antrieb einer Leistungsgesellschaft. Wer gewinnt, will immer mehr gewinnen, das liegt in unseren Genen. So treibt der Kapitalismus die Warenproduktion und mit ihr die Umweltzerstörung in schwindelnde Höhen. Die Verlierer bleiben auf der Strecke.

In der globalisierten Welt werden die entscheidenden Kämpfe endgültig nicht mehr auf dem Schlachtfeld, sondern in der Güterproduktion ausgetragen. Der andere, ob zur eigenen Gesellschaft zählend oder nicht, wird nicht mehr getötet, sondern man

---

[58] Trivers 2011, S. 22 f.
[59] Dawkins 2007, S. 315.

macht ihn sich wirtschaftlich zunutze. Jeder hat ein Recht auf Leben, denn jeder wird gebraucht. Von den Massen verlangt man keine Kampfmoral mehr, sondern Arbeitsmoral. Aus Schwertern werden Pflugscharen.

Kampfplatz ist die Arbeitswelt: Es kämpfen Unternehmer gegen Unternehmer um den Bestand ihres Unternehmens, Arbeiter gegen Arbeiter um den begehrtesten Arbeitsplatz, Regierungen kämpfen um den Erhalt von Arbeitsplätzen in ihrem Land und nicht zuletzt streiten Arbeiter gegen Unternehmer um möglichst viel Lohn für möglichst wenig Arbeit.

Das ganze Kampfgetümmel dient nur einem Zweck, dem Wachstum der Menschheit. Wie von Sinnen kämpfen wir um den Replikationserfolg unserer Gene und glauben, diesen Kampf in alle Ewigkeit so fortsetzen zu können. Unser Handeln wird von dem bestimmt, was wir glauben, und nur geringfügig von dem, was wir wissen, denn Emotionen bestimmen darüber, was wir denken.

MACHT

Ausgangspunkt der Gruppenbildung war die Pflege gemeinsamer Gene unter Verwandten, die Brutpflege. Der hierzu erforderliche „Altruismus", d. h. die Bereitschaft, die eigenen Belange hinter die der Familie zurückzustecken, verlängerte sich dann um des gemeinsamen Vorteils willen in Richtung nicht verwandter Mitglieder. So hat die Evolution soziale Wesen hervorgebracht, die sich zusammenrotten, um sich vor Angriffen von außen zu schützen, aber vor allem um in koordinierter Gemeinschaft Ressourcen zu ergattern, die der Einzelne nicht erreicht. Das Zusammenleben in einer Gruppe optimiert das elementare Streben eines Individuums sowohl nach Nahrung als auch nach Sicherheit. Zwischen beiden Zielvorgaben existiert jedoch ein gewisses Spannungsverhältnis, da sie in der Regel nicht gleichzeitig zu realisieren sind oder sich gegenseitig ausschließen. Ist das eine Ziel erreicht, hat man gemeinsam eine Ressource gesichert, beginnt der anschließende Verteilungskampf, der die Geborgenheit in der Gruppe infrage stellt.

Ob ein Verteilungskampf mit offener, roher Gewalt oder mit verdeckter, subtiler List ausgetragen wird, beides kann eine Gruppe zerreißen. Um solche Ereignisse so weit wie möglich zu verhindern, hat die Evolution für eine Lösung des Problems gesorgt: In vielen sozialen Verbänden existiert ein natürliches Ordnung stiftendes Element, nämlich eine Hierarchie der Macht, eine „Hackordnung". Deren befriedende Wirkung besteht darin, dass durch sie die Ressourcenverteilung bereits im Vorhinein geregelt ist.

Von klein auf sucht und findet jedes Gruppenmitglied seinen Platz in diesem Ordnungssystem. Aus unbewusster, animalischer Vorzeit tragen auch wir Menschen den Instinkt von Hierarchie in uns, wir haben ein natürliches Empfinden für den eigenen sozialen Status. Wir folgen und unterwerfen uns instinktiv einem Anführer, in dessen Gefolge wir uns sicher fühlen, von dem wir glauben, dass er die „Futterplätze" kennt und stark genug ist, uns vor Feinden zu schützen. Bei allem Gerangel um Macht ist es den egoistischen Genen nämlich letztendlich egal, ob sie sich in einem König oder in einem Bettelmann fortpflanzen; das Überleben selbst ist der entscheidende Faktor. Der soziale Rang ist nicht unwichtig, aber nur von sekundärer Bedeutung.

Es ist deshalb für den Bestand unserer „egalitären" Gesellschaft kein wirkliches Problem, dass einige wenige immer reicher und viele andere immer ärmer werden. Im Gegenteil ist es so, dass uns mit den Reichen und Mächtigen eher ein Gefühl der Zuneigung und Geborgenheit verbindet. Gegenüber dem Los der Schwachen zeigen wir dagegen eine grausame Gleichgültigkeit. Wir identifizieren uns mit den Erfolgreichen und haben einen natürlichen Hang, sie nachzuahmen. Im Beziehungsverhältnis von Herr und Knecht sehen alle Beteiligten ein ordnendes Prinzip, das sowohl Schutz als auch Nahrung garantiert und deshalb verteidigt werden muss. Die Angst vor dem Chaos, vor dem Untergang erzeugt in uns das Verlangen nach konstanten, ritualisierten Formen des Zusammenlebens, nach einem stabilen Machtgefüge sowie nach strengen Regeln und harten Sanktionen bei Regelverstößen. Sichtbare Machtstrukturen verleihen einer Gruppe Stabilität und ihren Mitgliedern das Gefühl von Sicherheit.

Der akute Verteilungskampf ist durch die Ausbildung hierarchischer Strukturen zwar aufgehoben, bleibt der Gesellschaft jedoch in anderer Form, als permanentes Machtstreben nämlich, erhalten. Obwohl eine gegebene Rangfolge im Prinzip von jedem akzeptiert wird, zwingen die egoistischen Gene ihre Überlebensmaschinen doch dazu, alle ihre Fähigkeiten wachsam darauf zu richten, in der Hierarchie nicht nach unten hinabzugleiten, sondern umgekehrt jede Gelegenheit für einen Aufstieg zu nutzen. Jeder hält seinen Nebenmann, seinen engsten Gefährten im gemeinsamen Lebenskampf also genau im Auge. Die Entschlossenheit der Individuen, im Kampf für ihre ganz persönlichen Interessen zu streiten, zur Not ohne Rücksicht auf den Erhalt des Ganzen, bleibt vorherrschendes Prinzip. In der Tat handelt es sich hier um das Kernproblem jeder Art von Lebensgemeinschaft. Carl Schmitt formuliert es so: „Der Andere erweist sich als mein Bruder, und der Bruder erweist sich als mein Feind."[60] Der Andere hilft mir also die Früchte zu ernten, die ich zum Leben brauche. Er ist derselbe, der möglicherweise versuchen wird, sie mir zu nehmen, wenn keine ordnende Macht ihn daran hindert.

So erlebt der Einzelne den Konflikt. Auf gesellschaftlicher Ebene besteht das Problem in der Ambivalenz der Macht: Einerseits ist sie unverzichtbar zum Aufbau stabiler Strukturen, andererseits zerstört sie eine Gesellschaft bei nicht adäquater Dosierung. Zu wenig Macht führt ins Chaos, zu viel Macht lässt ein System erstarren, raubt ihm die Flexibilität, die es braucht, um sich an sich ändernde Lebensverhältnisse anzupassen und zu wachsen.

Objektiv verlangt Wachstum also Flexibilität und entsprechend sorgt der Genegoismus dafür, dass das Machtgefüge einer Gesellschaft immer in Bewegung bleibt. Jede Generation bringt Menschen hervor, die entschlossen ins Zentrum der Macht drängen, dorthin, wo die Ressourcen verteilt werden. Auf der Strecke bleibt bei dieser Beweglichkeit der Gesellschaft das Bedürfnis der Mehrheit der Bevölkerung nach Sicherheit, garantiert von einer ordnenden Macht gleich welcher Art.

Während wir Machtfülle subjektiv als ein Gefühl von Sicherheit erleben, verleiht uns Flexibilität ein Gefühl von Freiheit. Weil beide Gefühle nicht gleichzeitig möglich sind, oszilliert unser Gefühlsleben ständig zwischen diesen beiden Polen. Je höher man den Berg besteigt, je freier man sich fühlt, umso unsicherer wird die Situation. Je tiefer man sich in eine Höhle verkriecht, je sicherer man sich fühlt, umso schwieriger gestaltet sich die Nah-

---

[60]   Zitiert nach Han 2012, S. 66.

rungsbeschaffung. Dieses Dilemma betrifft alle Lebewesen dieser Welt, auch wir Menschen können uns davon nicht befreien, höchstens in unseren Träumen vom Paradies. Der Widerspruch von Sicherheit und Freiheit lässt sich praktisch nicht auflösen. Es entspräche der Quadratur des Kreises, was uns aber nicht davon abhält, sie von unseren Politikern jederzeit bedenkenlos einzufordern; und die Politiker sehen sich veranlasst, sie uns immer wieder zu versprechen.

Die Verflachung aller Hierarchien war die Voraussetzung für die reibungslose und hocheffiziente Güterproduktion im Spätkapitalismus. Wachstum verlangt nach persönlicher Freiheit und Flexibilität. Freiheit bedeutet frei zu sein vom anderen, frei von sozialer Verantwortung.

Mit der Erosion des sozialen Netzwerks verliert eine Gesellschaft zunehmend ihre innere Struktur, und am Ende gleiten die Menschen im Medium Geld berührungsfrei aneinander vorbei. Es bildet sich am Ende ein hochverdichteter Schwarm, der seinen Zusammenhalt nur dadurch erhält, dass jeder Einzelne versucht, ins schützende Zentrum zu gelangen. Seine Außengrenzen sind offen und er hat die Tendenz zu wachsen, denn er bietet umso mehr Schutz, je größer er ist. Der Schwarm entspricht einem sozialen Gebilde mit kleinstem Ordnungs- und entsprechend größtem Freiheitsgrad, dicht an der Grenze zum Chaos. Er agiert völlig gewaltfrei, er hat kein Angriffspotenzial und kann sich als Ganzes auch nicht verteidigen. Jedes Individuum handelt losgelöst von anderen, selbst verantwortlich für sein eigenes Schicksal. Nur die unmittelbare Umgebung und der Moment zählen. Das erhöht die Überlebenschancen der Starken und besser Informierten und reduziert die der Schwachen mit dem schlechteren Know-how – ein Grundprinzip der Evolution.

Die biologische Evolution strebt nach Effizienz. In der Konkurrenz aller biologischen Systeme überlebt das mit der effizientesten Ressourcenbeschaffung, jenes, das bei kleinstmöglichem eigenem Energieverbrauch die höchste Reproduktionsrate aufweist.

Jede Effizienzsteigerung setzt, wie oben gezeigt, Flexibilität und ein Höchstmaß individueller Freiheit voraus. Es ist logisch, dass die biologische und auch die kulturelle Evolution uns am Ende mit dem Kapitalismus ein System der Freiheit beschert hat. Mit ihm erlebt der Mensch mit einem Minimum *eigener* Körperenergie, sprich Arbeit, seine höchste Vermehrung. Im Kapitalismus wird die vom Menschen selbst zu leistende Arbeit immer weniger, während die Erdbevölkerung geradezu explodiert. Freiheit, Kapitalismus und Wachstum bilden eine unzertrennliche Einheit. Das Wachstumsdiktat hat uns frei gemacht. Was Freiheit im Kapitalismus bedeutet, beschreibt Byung-Chul Han: „Der Wegfall der äußeren Herrschaftsinstanz beseitigt jedoch die Zwangsstruktur nicht. Er lässt Freiheit und Zwang in eins fallen. Das Leistungssubjekt überlässt sich dem freien Zwang zur Maximierung der Leistung. So beutet es sich selbst aus. Die Selbstausbeutung ist insofern effizienter als die Fremdausbeutung, als sie von einem trügerischen Gefühl der Freiheit begleitet wird. (…) Das kapitalistische System schaltet von der Fremdausbeutung auf die Selbstausbeutung, vom *Sollen* auf das *Können* um, *um sich zu beschleunigen.*"[61]

Das alles ist ein Beweis für die Naturwüchsigkeit des Kapitalismus; er wurde uns von der Natur aufgezwungen. Kein Mensch hat ihn jemals bewusst geplant und eingeführt, sondern im Gegenteil, er ist uns bis heute ein Rätsel. Das sollten wir immer bedenken, wenn wir den Versuch unternehmen, uns von ihm zu befreien. Wir müssten dazu unsere eigenen Gene, unsere eigene Natur überlisten.

---

[61]   Han 2012, S. 165 f.

HERRSCHAFT

Herrschaft im eigentlichen Sinne existiert weder in einem Rudel Wölfe noch in einer Affenhorde und auch nicht in einer archaischen menschlichen Kampf- und Lebensgemeinschaft. Erst mit der Agrarproduktion und der damit verbundenen besonderen Bedeutung von Arbeit erweitert sich das hierarchische System der Ressourcenzuteilung zu einem Zwangssystem der Ressourcenbeschaffung.

Eine Gruppe von Sammlern oder Jägern wurde zusammengehalten durch den gemeinsamen Kampf gegen jederzeit drohende äußere Gewalt. Ob es andere Menschengruppen, Raubtiere oder große Beutetiere waren, man kämpfte gemeinsam für ein gemeinsames Ziel, den Tod des Opfers.

Der Überlebenskampf einer Agrargesellschaft unterliegt dagegen völlig anderen Bedingungen und erschafft in der Folge eine völlig neue Lebensweise. Getreide ist direkt nur saisonal zu gewinnen und muss deshalb über längere Zeiträume gelagert und vor allem gesichert werden. So entwickelte sich die innere Struktur einer Agrargesellschaft aus dem elementaren Bedürfnis der Menschen nach Nahrung und Sicherheit und führte zur Arbeitsteilung zwischen Bauern und Kriegern. Anfänglich tauschten auf der zwischenmenschlichen Ebene arbeitende Bauern und kämpfende Krieger Nahrung gegen Schutz. Aufgrund der Machtkonstellation war es immer ein ungleicher Tausch, in der Art einer Schutzgelderpressung, wie man heute sagen würde, die den Widerstand der Schwachen herausfordert und den die Starken nur mit Gewalt durchsetzen können. Es entstand das Verhältnis von Herr und Knecht, ein System der Ausbeutung des Menschen durch den Menschen.

Die natürliche Machtverteilung zwischen beiden Gruppen führte zu einer hierarchischen Ordnung, mit den ohnmächtigen Bauern im unteren Teil und den mächtigen Kriegern im oberen Teil einer Machtpyramide, an deren Spitze sich der Reichtum der Gruppe sammelt, alle Informationen zusammenlaufen und die Bewegung des Gesamtsystems gesteuert wird.

Die Agrarproduktion macht aus der für jedes Mitglied überschaubaren Jagdgemeinschaft der Steinzeit eine gespaltene Massengesellschaft: Machteliten, die sich den Zugriff auf die Kornkammern gesichert haben, erpressen den Rest der Gesellschaft, für sie und ihren wachsenden Anspruch auf Macht und Luxus zu arbeiten.

In der Regel war es ein einziger Mensch, der Massen von Artgenossen unter seine Gewalt bringen konnte, die wie hypnotisiert bereit waren, selbst ihr Leben zu riskieren oder bis zur Erschöpfung zu arbeiten, um die Gunst des Herrschers zu erlangen. Dieses Verhalten ist nicht auf archaische Epochen der Menschheit beschränkt, sondern immer noch ein, wenn auch verdrängter, Teil heutigen menschlichen Wesens. Herausragendes Beispiel hierfür ist die noch nicht lange zurückliegende Bereitschaft des deutschen Volkes, sich von ihrem Führer ohne nennenswerten Widerstand millionenfach in den Tod schicken zu lassen. Es handelt sich offensichtlich um eine genetisch vorprogrammierte Verhaltensweise zur Verfolgung einer unserer Art vorgegebenen „evolutionär stabilen Strategie" – einer Strategie, die sich gegen jede Vernunft allein auf der Gefühlsebene durchsetzt. „Eine evolutionär stabile Strategie oder ESS ist definiert als eine Strategie, die – wenn die Mehrzahl der Angehörigen einer Population sie sich zu eigen macht – von keiner alternativen Strategie übertroffen werden kann. Dies ist ein komplizierter und wichtiger Gedanke. Anders ausgedrückt besagt er, daß die beste Strategie für ein Individuum davon abhängt, was die Mehrheit der Bevölkerung tut. Da der Rest der Bevölkerung aus Individuen besteht, von denen jedes seinen *eigenen* Erfolg zu maximieren sucht, wird nur eine solche Strategie fortbestehen, die, sobald sie sich einmal herausgebildet hat, von keinem abweichenden Individuum übertroffen werden kann."[62]

Die Knechte unterwerfen sich freiwillig dem Herrn im Rahmen einer Überlebensstrategie, der einzigen Möglichkeit, sich den stofflichen und energetischen Reichtum der Natur anzueignen und in Wachstum umzumünzen. Die „Dialektik von Herrschaft und Knechtschaft" entspricht aus dieser Sicht also eher Marx' materialistischem Ansatz als Hegels idealistischem.

Für Richard Dawkins ist eine Strategie „eine vorprogrammierte Verhaltenstaktik" und gilt für „das Tier als eine[r] roboterartige[n] Überlebensmaschine".[63] Zwischen Tier und Mensch steht die Hürde des Bewusstseins, die von unseren Genen jedoch durch die Dominanz des Unbewussten, durch unsere Gefühle überwunden wird, vor allem durch Angstgefühle.

Die mit dem Bewusstsein in unserer Vorstellung aufgetauchte Angst, die Urangst, ist die latente Furcht vor dem Tod. Wir *wissen*, im Unterschied zu einem Tier, um die in der Welt herrschende Gewalt, die jederzeit über uns hereinbrechen und unser Leben vernichten kann. Wir reagieren auf diese ständige Drohung von Gewalt durch die gedankliche Konstruktion einer abstrakten übermächtigen Gegengewalt, in deren Schutz wir uns hineinfühlen, und sprechen von religiösen Empfindungen. Auch für den Philosophen Byung-Chul Han sublimieren religiöse Gefühle Angstgefühle: „Gewalt ist wohl die erste religiöse Erfahrung. Traumatisierend, beängstigend und gleichzeitig faszinierend müssen für die Menschen der Vorzeit die alles vernichtende Naturgewalt und die Tötungsgewalt der Raubtiere gewesen sein, so dass sie sie zu Gottheiten personifizierten oder zu einer übermenschlichen Wirklichkeit erhoben."[64] Das Bedrohliche wird zum Göttlichen, mit dem sich reden lässt. Deshalb das ambiva-

---

[62]   Dawkins 2007, S. 138.

[63]   Dawkins 2007, S. 138.

[64]   Han 2012, S. 20.

lente Verhältnis zur Gottheit, die wir als übermächtige Gewalt fürchten, um gleichzeitig Hilfe von ihr zu erhoffen. Der Gegensatz zwischen Gewalt und Sicherheit ist im Göttlichen dialektisch aufgehoben.

Dieses göttliche Prinzip verkörpert der Herrscher für die Masse der Bevölkerung, seit es Großkulturen und Massengesellschaften gibt. Gefühlte Gewalt und Sicherheit verschmelzen zu einer emphatischen Verbundenheit eines Volkes mit seinem Herrscher. Der Nimbus des Göttlichen verleiht ihm die legitime Gewalt, Opfer von den Menschen zu verlangen; umgekehrt erwarten die Menschen von ihm, dass er ihnen Nahrung und Sicherheit garantiert.

Je eindrucksvoller ein Herrscher allen ein Gefühl der Stärke und Sicherheit in Gemeinschaft vermittelt, umso dramatischer erleben die Untertanen seinen Tod, der das Bestehende mit einem Mal infrage stellt und für beängstigende Unruhe sorgt. Um zu verhindern, dass mit dem Tod eines Herrschers alles zusammenbricht, im Sinne anhaltender Stabilität also, entwickelte sich in den Köpfen der Menschen eine Vorstellung von einer unsterblichen, abstrakten „höheren Gewalt", ein geistiger Überbau, der die irdische Herrschaft überlagert. Ausgangspunkt einer solchen Entwicklung war wahrscheinlich der Ahnenkult als eine gefühlte Präsenz des Herrschers über den Tod hinaus, der in einer dynastischen Folge von Gottkönigen immer wieder auferstand. Von diesen lokalisierten Gottheiten ging das Göttliche in einem nächsten Schritt über ins schrankenlos Transzendente und wurde zu einer allgegenwärtigen, totalitären geistigen Instanz. Ausgestattet mit einer passenden Narration, die das Göttliche als vernünftig und plausibel erscheinen lässt, verdichtet sich die Fiktion zur Religion und damit zu einer moralischen Instanz, die schließlich alle, Herrscher und Beherrschte, auf ein gemeinsames Regelwerk verpflichtet.

Gesellschaftliches Wachstum bedeutet, dass der vergesellschaftete Mensch mehr arbeiten muss, als er zur eigenen Reproduktion benötigt. Weil ein Mensch nicht freiwillig zum Nutzen anderer arbeitet, wird der Herrscher und Beschützer zum „Ausbeuter", der den arbeitenden Menschen zwingen muss, für ihn und die Gesellschaft als Ganze mitzuarbeiten, damit der Herr die ihm zugedachte Aufgabe als Beschützer und Garant vor allem wirtschaftlicher Prosperität erfüllen kann.

Dieser Zusammenhang bleibt den Akteuren jedoch im Wesentlichen verborgen. Sie agieren spontan im Auftrag ihrer egoistischen Gene, der Ausbeuter aus Habgier, die Ausgebeuteten aus Angst.

So fördert das egoistische Streben der Starken und Reichen laut Adam Smith, wie bereits erwähnt, ohne deren bewussten Willen, ja ohne ein Wissen darum das gesellschaftliche Interesse und damit die Gattungsvermehrung.[65] Je wirkungsvoller es den Starken gelingt, die Schwachen auszubeuten, desto stärker und reicher ist eine Gesellschaft und umso schneller kann sie wachsen. Die Habgier weniger wird zum Motor des Fortschritts und macht das Streben der Mehrheit nach Ruhe und Geborgenheit immer wieder zunichte. Dem egoistischen Streben des Starken steht jedoch das ebenso egoistische Streben des Schwachen gegenüber, sich nicht ausbeuten zu lassen. Dieser Konflikt wird praktisch dadurch unauflösbar, dass jede Seite von ihrer inneren Haltung her gezwungen ist, sich einen persönlichen Vorteil zu verschaffen, und keinesfalls zulassen darf, dass der andere einen Vorteil erringt.

Naheliegend ist der Versuch des Starken, seinen Vorteil mit Gewalt durchzusetzen. Gewalt erzeugt jedoch Gegengewalt und eine auf offene Gewalt gegründete Gesellschaft, deren Mitglieder nur aus Angst folgen und denen die innere Bereitschaft fehlt, für ein gemeinsames Ziel zu kämpfen, ist wenig effizient. Die Ausweitung der Zwangsmittel verschlingt am Ende mehr Ressourcen, als von einer geknechteten Bevölkerung herbeigeschafft werden können.

---

[65]   Nach Vogl 2010, S. 43. Siehe oben S. 36.

Eine gemeinsame Religion diszipliniert ein Volk und steigert dessen Arbeitsmoral auf eine wesentlich effizientere Weise, als offene Gewalt das vermag. Sie ersetzt die physische durch psychische Gewalt, indem sie die Menschen in ein Schuldverhältnis verstrickt, ihnen eine Erbschuld aufbürdet, die es gilt abzuarbeiten, und zwar Herren und Knechten gemeinsam.

Der sich schuldig fühlende Mensch kann sich seiner Verpflichtung zu moralischem Handeln, wenn man darunter ein Verhalten versteht, das die gesellschaftlichen Belange vor den Eigennutz stellt, nicht mehr entziehen, nicht bei Tag und nicht bei Nacht. Er handelt gewissenhaft in der Hoffnung, sich von dieser Schuldenlast befreien zu können, er handelt kooperativ und ist zu großen Opfern bereit. Unser „Ich" bekommt ein „Über-Ich", eine internalisierte Herrschaftsinstanz, die uns Menschen so weit diszipliniert, dass auch größere Gemeinschaften egoistischer Individuen Bestand haben können. Der Weg zur massenhaften Ausbreitung unserer Gene führt offensichtlich über die Errichtung menschlicher Massengesellschaften und die Entfaltung eines Wirkmechanismus in uns, der uns zur Erfüllung dieser Aufgabe zwingt, bis hin zur Selbstaufgabe.

Mit dem Auftauchen der Religion als Herrschaftsinstrument sind wir innerlich gespalten. Das bewusste Ich im Freud'schen Sinne[66] befindet sich in einer ständigen antagonistischen Spannung einerseits zwischen der Verpflichtung des Es, seinen egoistischen Zielen zu folgen, und dem Drängen des Über-Ich zu einem korrekten Sozialverhalten andererseits. So erleben wir unsere Welt, wir fühlen uns ständig dazu genötigt, *richtige* Entscheidungen zu treffen, und sehen unser bewusstes Ich dabei als oberste Kontrollinstanz für unser Denken, Planen und Handeln. Was Letzteres betrifft, sind wir gezwungen umzudenken. Der Neurowissenschaftler Gerhard Roth stellt fest: „Unser bewusstes Ich hat nur begrenzte Einsicht in die eigentlichen Antriebe unseres Verhaltens. (...) Die subjektiv empfundene Freiheit des Wünschens,

---

[66]   Vgl. dazu näher Freud 1992.

Planens und Wollens sowie des aktuellen Willensaktes ist eine Illusion. Der Mensch *fühlt* sich frei, wenn er tun kann, was er zuvor wollte. Unsere bewussten Wünsche, Absichten und unser Wille stehen aber unter Kontrolle des unbewussten Erfahrungsgedächtnisses (...). Das Gefühl des freien Willensaktes entsteht, nachdem limbische Strukturen und Funktionen bereits festgelegt haben, was zu tun ist."[67] Unser bewusstes Ich dient der Handlungsplanung, unser unbewusstes Es entscheidet über unser Tun.

Die Geschichte verläuft ohne Bewusstsein der beteiligten Akteure. Weder Herrscher noch Beherrschte sind sich der Auswirkungen ihres Handelns wirklich bewusst. Die Auslese sorgt dafür, dass sich Wachstum förderndes Verhalten durchsetzt. Wer im Konkurrenzfall überlebt und weiter wächst, hat recht gehandelt.

Wir erleben die Dominanz des Unbewussten als Sucht, mitunter etwas tun zu müssen, das einer rationalen Planung und Weltsicht zuwiderläuft. Wird uns dieser Zusammenhang bewusst – das meiste, das wir tun, tun wir unbewusst – führt das zu psychischen Spannungen, die wir unbedingt auflösen müssen. Für Gerhard Roth steht das bewusste Ich dann unter einem „Erklärungs- und Rechtfertigungszwang. Dies führt zu den typischen Pseudoerklärungen eigenen Verhaltens, die aber gesellschaftlich akzeptiert werden."[68] Wir sind gezwungen, unser unbewusst gesteuertes Verhalten vor anderen, aber vor allem vor uns selbst zu rechtfertigen. „Dies ist ein wichtiges Faktum individuellen emotionalen Überlebens und gesellschaftlichen Zusammenlebens."[69] Sprache erfüllt dabei eine wichtige Funktion. Ein in Millionen Jahren evolutionärer Entwicklung geprägtes Erfahrungsgedächtnis, verortet in den Genen und den Neuronen des Gehirns, beherrscht unser Verhalten, womit hier in erster Linie unser Sozialverhalten gemeint ist. Das geht so weit, dass wir uns mitunter für unser unkontrolliert aus uns hervorbrechendes Ver-

---

67   Roth 2001, S. 453.
68   Roth 2001, S. 453.
69   Roth 2001, S. 452.

halten schämen müssen, vor anderen, vor allem aber vor uns selbst.

Göttliche Herrschaft allein, als ein starres System von Geboten und Verboten, ist zu wenig anpassungsfähig, um eine Gesellschaft, die sich ihr verpflichtet fühlt, auf Dauer stabil zu halten. Sie bedarf einer irdischen Instanz, welche die Legitimation besitzt, göttliches Gesetz immer den gegebenen Verhältnissen anzupassen und in seinem Auftrag zu handeln. Eine besondere Flexibilität erhält das ganze System durch die Möglichkeit, viele weltliche Herrscher einem Gott zu unterstellen. Unter der Schirmherrschaft einer Religion ist ein ausgedehnter Machtpluralismus möglich. Die Zentralgewalt verteilt sich auf viele Herrschaften, die die Funktion des „Ausbeuters" wesentlich effizienter erfüllen können als eine kleine Machtelite oder nur eine Person. Gleichzeitig entsteht ein fruchtbarer Wettbewerb, ein Wettrüsten der Ausbeuter untereinander um den größten Ausbeutungserfolg.

Herrschaftsformen ändern sich mit den Produktionsverhältnissen in Richtung steigender Effizienz des Systems. Mit fortschreitender Arbeitsteilung und zunehmender Komplexität moderner Industriegesellschaft bleibt vom Souverän alten Stils nur noch eine repräsentative Hülse. Das Neue entwickelt sich unter der Maxime des Ausbaus individueller Freiheiten. Das Volk hat sich die Staatsgewalt erkämpft und sorgt nun in Eigenverantwortung für Sicherheit und Ordnung im eigenen Lande. Das ist nur möglich, wenn im Zuge einer abnehmenden Disziplinierung von außen die Bereitschaft zur Selbstdisziplin wächst. Die alles entscheidende Ausbeuterfunktion übernimmt eine anonyme, systemische Gewalt, die alle Mittel und Wege zur ultimativen Leistungssteigerung der Überlebensmaschine Mensch kennt und nutzt. Byung-Chul Han schreibt: „Das spätmoderne Leistungssubjekt ist niemandem unterworfen. (...) An die Stelle des Fremdzwangs tritt ein Selbstzwang, der sich als Freiheit gibt. Diese Entwicklung hängt eng mit dem kapitalistischen Produktionsverhältnis zusammen. Ab einem bestimmten Produktionsniveau ist die Selbstausbeutung wesentlich effizienter, viel leistungsstärker als die Fremdausbeutung, weil sie mit dem Gefühl der Freiheit einhergeht."[70]

Das System der Selbstdisziplinierung und Selbstausbeutung entwickelte sich zusammen mit der Monetarisierung aller Lebensbereiche des Menschen weltweit. Die herausragende Bedeutung des Geldes in diesem System besteht in dessen Eigenschaft, das Gefühl der Freiheit mit dem der Sicherheit zu verbinden. Der Besitz von Geld neutralisiert die Spannung zwischen einem Gefühl der Sicherheit in Gemeinschaft und einem der Freiheit, das sich einstellt, wenn man ohne Rücksicht auf andere alles tun kann, was das egoistische Es von einem erwartet. Damit schließt sich ein Kreis: Das intrinsische Verlangen der Menschen nach Sicherheit und Freiheit erzeugt einen inneren Zwang zum Gelderwerb, zur Kapitalbildung, die allerdings nur den Leistungsstarken vorbehalten ist. Das wiederum entspricht der Vorgehensweise der Evolution, die immer dem „Fittesten" den Vorrang einräumt. Ein Gesellschaftssystem, in dem die Leistungsstärksten die Bereitschaft entwickeln und auch die Gelegenheit dazu bekommen, bis zum Burnout zu schuften, ist in seiner Effizienz nicht zu übertreffen. Die Habgier weniger treibt auch die Zögerlichen voran, ob diese wollen oder nicht.

Gelderwerb beherrscht unser Leben. Herrschaft steht sowohl für Sicherheit als auch für Angst. Aus Geldbesitz schöpfen wir sowohl emotionale Sicherheit als auch einen angstvollen Drang, für unser Überleben und die Replikation unserer Gene zu kämpfen. Die Herrschaftspraxis besteht darin, den Menschen einerseits Sicherheit zu versprechen, andererseits diese Sicherheit immer wieder infrage zu stellen, um ihre Arbeitsdisziplin wachzuhalten. Ständige Existenzangst soll den Einzelnen einschüchtern und zu ständiger Arbeit nötigen, im Streben nach einer Sicherheit, die, kaum erreicht, gleich wieder verloren geht. Im Kapitalismus hat

---

[70]   Han 2012, S. 17.

das System selbst die Zuteilung und den Entzug von Sicherheit in Form von Geld und damit gleichzeitig die Herrschaft übernommen, und wir sind dessen willfährige Diener.

Das System ist auf Wachstum programmiert. Zusammen mit dem exponentiellen Anwachsen der umlaufenden Geldmenge wuchs die Zahl der Menschen seit der Industrialisierung explosionsartig an, auf inzwischen über sieben Milliarden Individuen.

Unbewusst von Habgier getrieben, wie hypnotisiert, folgt die Überlebensmaschine Mensch der auf Wachstum drängenden Herrschaft des Geldes bis zur Selbstaufgabe, paradoxerweise im ständigen Streben nach Glück. Das Belohnungssystem unseres Gehirns erzeugt die von uns ersehnten Glücksgefühle in erster Linie bei einem Verhalten, das dem Selbsterhalt und der Vermehrung dient. So treibt jeder Versuch, die Lebenssituation qualitativ zu verbessern und dadurch Glücksgefühle zu erheischen und Schmerz zu vereiteln, Leben und Wachstum voran.

Ausbeutung bedeutet konkret die Schaffung eines Mehrwerts als Voraussetzung für Wachstum und Wohlstand einer Gesellschaft. Auf Einsicht in diese Notwendigkeit, auf Vernunft also, glaubte bereits in der Antike ein idealistischer Denkansatz eine herrschaftsfreie und damit auch gewaltfreie Gesellschaft gründen zu können. Nach Ian Morris entwickelten sich schon um 500 v. u. Z. radikal neue Ideen und Vorstellungen davon, wie die Welt auch ohne Machteliten funktionieren könnte: konfuzianische und daoistische im Osten, buddhistische und jainistische in Südasien, die hebräische Bibel im Vorderen Orient und die griechische Philosophie im Westen. Ian Morris betont die Ähnlichkeit aller Ideen: „Verzweifelt nicht, sagten sie sinngemäß, wir brauchen keine Gottkönige, um über diese schlechte Welt hinaus zu gelangen. Die Rettung ist in uns, nicht bei jenen verderbten, gewalttätigen Herrschern.“[71] Um das angestrebte ideale Reich zu verwirklichen, verlangten sie: „Lebe ethisch bewusst, hüte dich vor Begierden

---

[71] Morris 2011, S. 252.

und verhalte dich anderen gegenüber so, wie du willst, dass sie sich zu dir verhalten – und du wirst die Welt verändern."[72]

Aus der Sicht der Spieltheorie zur Gruppenstabilität handelt es sich um eine „Verschwörung" der Schwachen, durch Absprache eine stabile Überlebensstrategie für alle zu entwickeln. „Doch das Dumme an Verschwörungen – sogar jene, die langfristig für alle von Vorteil sind – ist, daß sie anfällig gegen Mißbrauch sind. (...) Die Verschwörung ist dazu verurteilt, durch Verrat von innen her zusammenzubrechen."[73] Weiter heißt es bei Dawkins: „Menschen können Pakte und Verschwörungen eingehen, von denen alle Individuen profitieren, (...) weil jeder Mensch vorausschauend denkt und zu erkennen vermag, daß es in seinem eigenen langfristigen Interesse liegt, die Regeln des Paktes zu befolgen. Doch selbst bei Absprachen unter Menschen besteht eine ständige Gefahr, daß einzelne Personen *kurzfristig* so viel zu gewinnen haben, wenn sie den Pakt brechen, daß die Versuchung dazu überwältigend wird."[74]

Das war bereits im 4. Jahrhundert v. u. Z., also lange vor Machiavelli, dem so genannten „Legalisten" Shang Yang klar, der sagte: „Wenn du bei deinen Unternehmungen etwas tust, das zu tun sich der Gegner schämen würde, bist du im Vorteil."[75]

Als Vehikel und Überlebensmaschinen unserer Gene sind wir gezwungen, jede Gelegenheit und unseren ganzen Verstand zum eigenen Vorteil zu nutzen, auch und gerade dann, wenn wir kooperieren. An dieser Tatsache sind bisher alle Initiativen zur Schaffung einer egalitären, gewaltfreien Gesellschaft gescheitert.

Auch die im Kommunismus des vergangenen Jahrhunderts versuchte Abschaffung der Ausbeutung des Menschen durch den Menschen musste misslingen. Eine Gesellschaft der Gleichen ist evolutionär instabil, weil sie keinerlei Wachstumsimpulse entwi-

---

[72]   Morris 2011, S. 253.
[73]   Dawkins 2007, S. 143.
[74]   Dawkins 2007, S. 143.
[75]   Zitiert nach Morris 2011, S. 256.

ckeln kann, es fehlt ihr die treibende Kraft, die innere Spannung als Voraussetzung jeglicher Bewegung. Gleichheit bedeutet Stillstand und damit eine Aushebelung des Genprogramms. Der Weg zu mehr Wachstum und Leben führt nur über den lebensbedrohlichen Kampf aller gegen alle.

Dieser Kampf ist im Kapitalismus zur höchsten Perfektion gediehen. Durch die Abschaffung äußerer bedrohlicher Formen der Herrschaft und der Gewalt, die eines Gottes oder einer diktatorischen Staatsgewalt, arbeitet der Mensch in scheinbar völliger Freiheit, ganz auf sich und seine persönlichen Interessen hin ausgerichtet. In dieser gefühlten Verfassung geht er freiwillig bis an die Grenzen seiner Leistungsfähigkeit und führt das Gesamtsystem zu höchster Effizienz. Die gewaltige Steigerung der Produktivkraft bringt einen Überfluss hervor, wie ihn die Geschichte vorher niemals kannte.

Paradoxerweise sind der Überfluss und die Überproduktion das große Problem des Kapitalismus, an dem er letztendlich zu scheitern droht und mit ihm die kapitalistische Gesellschaft. Byung-Chul Han drückt es sehr treffend aus: „Selbst bestialischer Aneignung wohnt eine ökonomische Notwendigkeit inne. Mit seinen Exkrementen sichert sich ja das Tier den *notwendigen* Lebensraum. Die heutige Überproduktion und Überakkumulation ist dagegen *transökonomisch*. Sie transzendiert den Gebrauchswert und sprengt das ökonomische Band von Mittel und Zweck. Das Mittel hat seine Grenze, seine Begrenzung nicht mehr im Zweck. Es wird selbstbezüglich und maßlos. Das Wachstum wird zu Auswüchsen und Wucherungen diabolisiert. Alles wächst über die eigentlichen Bestimmungen hinaus, was zur Verfettung und Verstopfung des Systems führt."[76]

An der Stelle liegt es nahe, das Manifest der Kommunistischen Partei von 1848 zu zitieren: „(...) die moderne bürgerliche Gesellschaft, die so gewaltige Produktions- und Verkehrsmittel hervorgezaubert hat, gleicht dem Hexenmeister, der die unterirdischen

---

[76]   Han 2012, S. 144.

Gewalten nicht mehr zu beherrschen vermag, die er heraufbe-
schwor."[77]

Allerdings müssen wir erkennen, dass nicht der „Klassenfeind"
uns bewusst in diese bedrohliche Lage hineinmanövriert hat,
sondern unser eigener unbewusster innerer Antrieb, gesteuert
von unseren Genen, ohne einen Funken Vernunft. Vor uns steht
ein neuer Versuch, bewusst und mit Verstand, das Wachstumsprogramm unserer Gene auszuhebeln, um unserer eigenen Zukunft willen. Die Chancen auf Erfolg stehen besser als je zuvor,
weil uns naturwissenschaftliche Erkenntnisse eine neue Qualität
von Bewusstsein verschafft haben. Wir besitzen große Daten-
mengen über uns selbst und können daher relativ sichere Aussagen über uns machen, über die wahren Motive unseres eigenen
Verhaltens und damit den Zufall in einem gewissen Maße binden.

Das Haupthindernis für ein Handeln aus Vernunft liegt in unserer ausgeprägten Fähigkeit zum Selbstbetrug, durch unbewusste
Manipulation unserer eigenen Gefühle. Einerseits ist sie ein wichtiges Instrument emotionalen Überlebens, andererseits unterbin-
det sie den überlebenswichtigen Zugang zur Realität. Hier liegt
die große Aufgabe einer Wissenschaft vom Geist, sie muss *bewusst* versuchen, dieses Dilemma aufzuheben.

Wir haben längst gelernt, Gefühle von außen zu manipulieren,
die Werbung, ein Milliardengeschäft, lebt davon, unterstützt von
den Datensammlern im Internet. Wir werden ständig manipu-
liert, und zwar in Richtung von immer mehr Wachstum, von
Lebensquantität. Eine *bewusste* Beeinflussung der Menschen in
Richtung höherer Lebensqualität, mit massiven Abstrichen bei
der Quantität, könnte unsere Zukunftschancen wesentlich verbessern.

---

[77]   Marx/Engels 1848, S. 467.

KULTUR

Alles ist Natur, außerhalb der Natur gibt es nichts. Es gibt nichts, was man der Natur entgegenstellen könnte. Kultur ist durch und durch natürlich, so wie das Leben in all seinen Facetten etwas Natürliches ist. Alles Künstliche entsteht unter der Anleitung der Natur, sie ist der wahre Schöpfer. Die Kunst selbst steckt nach Dürer in der Natur: „Wer sie heraus kann reißen, der hat sie."[78] Das Künstliche ist ein besonderer Ausdruck des Natürlichen und die kulturelle Evolution des Menschen lässt sich nur formal von der biologischen Evolution trennen, inhaltlich verläuft sie nach den gleichen Gesetzmäßigkeiten, auf der Basis von Zufall und Notwendigkeit.

Alle Lebewesen sind Kulturschaffende, wenn sie gestaltend in die Natur eingreifen – Biber, die ihren Staudamm errichten, oder die Larve der Köcherfliege, die sich Steinchen für Steinchen aufeinanderschichtend ein Haus schafft, oder der Vogel, der sein kunstvolles Nest baut. Niemand zweifelt daran, dass alle instinktiv handeln und dass das Know-how und auch der Antrieb für ihr Tun genetisch gespeichert sind. Alle strengen sich an, um ihren Vermehrungserfolg zu steigern, und hinterlassen dabei ihren ganz spezifischen Fußabdruck in der Natur. Das Besondere beim Menschen ist, dass sein Fußabdruck besonders umfangreich ist und dass er sich selbst als Initiator des Geschehens sieht. Das eine bedingt das andere. Wir sind deshalb so außerordentlich erfolgreich in der Durchsetzung unserer Lebensinteressen, weil wir vorausschauend planen können, und das setzt voraus, dass wir uns unsere Handlungen selbst zuschreiben.

In dieser Fähigkeit zur kreativen Handlungsplanung liegt der Kern menschlichen Wesens. Während das Tier ohne eigenen

---

[78]   Dürer 1969, S. 295.

Willen dem der Natur folgt, glaubt der Mensch, vom Wollen der Natur befreit, seinen eigenen Willen durchsetzen zu können. Er bildet sich ein, eine eigene Welt nach eigenen Gesetzmäßigkeiten schaffen zu können, und spricht von Kultur als Gegenentwurf zur Natur. Er distanziert sich vom Entwicklungsgesetz der Natur und beansprucht eine eigene kulturelle Evolution.

Formal ist eine solche Trennung durchaus gerechtfertigt. Mit der Menschwerdung entstand etwas Einmaliges, Neues, etwas, das die Natur bisher nicht kannte. Aber alles geschah im Rahmen der von Darwin beschriebenen Weise der Entstehung der Arten, d. h. nach dem Willen der Natur.

In der Abfolge einer Unzahl selektierter Genmutationen haben Hominiden sich aufgerichtet, die Hände dabei frei bekommen und eine komplexe Greifhand mit dem dazu gehörigen Nervensystem entwickelt. Jeder einzelne Entwicklungsschritt war eine gelungene Anpassung der biologischen Evolution an die gegebenen Umweltbedingungen.

Bald fingen Hominiden an, ihre Greifhand zu nutzen, um Hilfsmittel zu fertigen, mit denen sie die Wirkkraft ihres Handelns verstärken konnten – ein Quantensprung, der dem Menschen eine Sonderstellung im Tierreich einräumte. Entscheidend jedoch war der Arbeitsprozess selbst. Bei der Konstruktion von Hilfsmitteln eröffnet sich ihrem Schöpfer eine virtuelle Welt. Er imaginiert sich selbst in der Zukunft bei der Anwendung der noch zu fertigenden Kunstprodukte. Bei seinen handwerklichen Versuchen wurde der Frühmensch sich langsam seiner selbst bewusst und entwickelte einen völlig neuen Blick auf die Welt. Für Gerhard Roth ist das bewusste Ich „ein virtueller Akteur in einer von unserem Gehirn konstruierten Welt, die wir als unsere Erlebniswelt erfahren".[79] Diese Fähigkeit, sich eine Wirklichkeit vorzustellen, die es gar nicht gibt, um damit die Zukunft planend vorwegzunehmen, besitzt nur der Mensch. An dieser Stelle erweitert sich die biologische zur kulturellen Evolution.

---

[79] Roth 2001, S. 452.

In Verkennung der realen Verhältnisse sieht er sich selbst als Schöpfer seiner eigenen Welt und wird damit zum Kulturwesen der besonderen Art, welches in der Lage ist, die biologische Evolution aus eigenem Antrieb zu beschleunigen.

Das gilt wohlgemerkt für den planenden, denkenden Menschen. Ob und mit welchem Erfolg er seine Planungen umsetzt, also handelt, steht auf einem ganz anderen Blatt. Entscheidend hierfür sind die in einer realen Welt seit Urzeiten allein unter dem Aspekt von Wachstum und Vermehrung gesammelten Informationen. Gespeichert und verarbeitet werden sie in den unbewussten Zentren unseres Gehirns, dem emotionalen Erfahrungsgedächtnis, und tiefer gehend im Genpool der Art. Diese Fülle der von der Natur bereitgehaltenen Informationen ist der große Steuermann unseres Verhaltens. Über unsere von chemischen Signalsubstanzen erzeugten Gefühle bestimmen sie unser Wollen und mit ihm unser Verhalten. Als bewusst Kulturschaffende folgen wir unbewusst den Anweisungen der in uns wirksamen Natur.

Eingespannt in ein Bestreben, angenehme Gefühle zu suchen und unangenehme zu vermeiden, navigieren uns die unbewusst arbeitenden Zentren unseres Gehirns in eine unbekannte Zukunft, durch eine Welt voller unvorhersehbarer, zufälliger Ereignisse.

Das Bewusstsein ist lediglich eine quantitative Erweiterung unseres Gehirns hin zu einer effizienteren, einer den gegebenen Situationen besser angepassten Informationsverarbeitung. „Es gibt keinen ‚qualitativen evolutiven Sprung‘ zwischen dem Verhalten des Menschen und dem seiner nächsten Verwandten, der Schimpansen (…).“[80] Eine quantitative, keine qualitative Erweiterung unseres Gehirns hat uns zu Kulturwesen gemacht, eine Erweiterung der auch bei Tieren angelegten Fähigkeit, sich selbst wahrzunehmen: „(...) was wir kulturelle Evolution nennen, ist im

---

[80] Roth 2001, S. 450 f.

Grunde genommen ein fortwährendes Wachsen, eine Erweiterung der menschlichen Vorstellungskraft."[81]

Konkretes Ergebnis unserer Fähigkeit, unsere Gedanken durch Raum und Zeit zu bewegen, ist die Herstellung immer besserer Hilfsmittel zur Beschaffung der zum Leben wichtigen Ressourcen. Jeder Fortschritt ist mit einem Versprechen auf ein leichteres Leben verknüpft, denn mühsam wird das Leben durch Arbeit. Und der leichtere Erwerb von Ressourcen bedeutet konkret, weniger arbeiten zu müssen. Bei gleichbleibendem Lebensstil verschaffen bessere Hilfsmittel mehr arbeitsfreie Zeit. Grundsätzlich hat ein Mensch die Möglichkeit, diese Zeit, so wie andere Tiere, in Lethargie, mit Nichtstun zu verbringen. Er könnte darauf warten, dass der Zufall ihm bei gewohntem Tagesablauf neue Verbesserungen in die Hände spielt, mit denen er immer mehr Zeit zum Nichtstun bekommt. Er könnte das Leben einer Raubkatze führen, die nur wenige Stunden braucht, um satt zu werden, und den Rest des Tages verschläft. Das entspräche dem Fortschritt der biologischen Evolution.

Der beschleunigte Fortschritt der kulturellen Evolution beruht auf der erweiterten Vorstellungskraft des Menschen. Diese wirkt jedoch auf eine zwiespältige Weise: Einerseits ist der Mensch in der Lage, wirksame Hilfsmittel zu fertigen, mit denen er sich in der Welt besser durchsetzen kann, andererseits zwingt ihn die ständige Sorge um seine Zukunft zu andauernder Wachsamkeit. Sie bringt ihn dazu, ständig über seine Situation in der Welt zu reflektieren und nach Mitteln und Wegen zu suchen, diese zu verbessern, auch und gerade dann, wenn er ruht, wenn er sich entspannen möchte. Zur Verpflichtung zu körperlicher Arbeit kommt die Verpflichtung zu geistiger Tätigkeit hinzu. Beide Leistungen hat der Selektionsdruck ständig verbessert und beide Leistungen werden vom Belohnungssystem des Gehirns gefördert. So schuf die Natur einen Wirkmechanismus, der zu einer

---

[81]   Bronowski 1976, S. 56.

gravierenden Steigerung der biologischen Evolution beim Menschen führte.

Während die immer effizientere körperliche Arbeit uns Zeit zur Muße liefert, nimmt der Zwang zu geistiger Beschäftigung uns diese Ruhezeit immer wieder weg. Das Gehirn arbeitet Tag und Nacht und unser Bewusstsein lässt sich nicht einfach abschalten. Wenn wir nicht die uns umgebende Natur bearbeiten, müssen wir sie dennoch immer weiter nach Ressourcen absuchen, sind wir gezwungen, immer etwas zu finden oder zu erfinden, das unseren Geist beschäftigt. Der Mensch kann sich der Verpflichtung seiner Gene, in ihrem Auftrag stets aktiv zu sein, nicht entziehen, ohne sich psychisch zu belasten. Wir sind unseren Emotionen willenlos ausgesetzt. „Das bewusste Ich ist nicht in der Lage, über Einsicht oder Willensentschluss seine emotionalen Verhaltensstrukturen zu ändern (…).“[82]

Unsere Gene halten uns in einer Zwickmühle gefangen. Einerseits streben wir danach, die uns physisch belastende Arbeit zu verringern, und suchen möglichst viel Freizeit zu gewinnen, andererseits bekommen wir psychischen Stress, wenn wir die erworbene Freizeit nicht sinnvoll, d. h. im Sinne einer Vermehrung unserer Gene, nutzen.

Der Motor der kulturellen Evolution entspricht einer Tretmühle, in welcher eingesperrt wir die Energie erzeugen, mit der immer mehr Menschen ernährt werden können, und zwar mit wachsender Geschwindigkeit. Kämen wir auf die Idee, langsamer zu treten oder gar das Laufrad anzuhalten, gäbe es kein beschleunigtes Wachstum mehr, dafür aber ein müheloseres Leben, nach dem wir uns so sehr sehnen. Das auf Wachstum programmierte Leben lässt solche Überlegungen zwar zu, schließlich bildet das Streben nach Glücksgefühlen die treibende Kraft unseres Verhaltens. Diese können sich aber niemals endgültig durchsetzen, weil sie dem Wollen der Natur entgegenstehen. Hierin liegt unser Schicksal, wir streben nach Glück, ohne es je erreichen zu kön-

---

[82]   Roth 2001, S. 453.

nen, getreu dem Mythos von Sisyphos. Diesen Mechanismus der Selbstausbeutung als Wachstumsmotor wachzuhalten, ist der zentrale Aspekt der Kultur eines Volkes, und zwar in der Form des Politischen schlechthin.

Eine politische Kultur begann erst mit dem Getreideanbau und dem damit verbundenen Zwang zur Sesshaftigkeit. Er war mit enormen Einschnitten in die gewohnte Lebensweise der Menschen als Jäger und Sammler verbunden. Am meisten zählte der Umstand, dass die von Pflanzen sich ernährenden Menschen sowohl Anbau- als auch Erntearbeit selbst verrichten mussten und die paradiesischen Zustände, in denen Tiere ihnen diese Aufgabe abnahmen, vorbei waren. Der Zugang zur lebenswichtigen Energie war für viele Menschen nurmehr ausschließlich durch eigene Arbeit möglich. Die kostenlose Aufwertung der Nahrung durch das Tier, das sich seine Nahrung selbst sucht, wurde zur Ausnahme. Einen anderen Weg gingen die nomadisierenden Völker, die sich noch heute überwiegend vom Tier ernähren und eine völlig andere kulturelle Entwicklung erlebten.

Die Agrargesellschaft ist gezwungen, den zum Wachstum erforderlichen Energieüberschuss aus sich selbst herauszupressen. Sie muss sich selbst ausbeuten, wenn sie keine Tiere ausbeuten kann. Das ist die Geburtsstunde einer Kultur politischen Denkens und Handelns. Von nun an erscheint die Geschichte der Menschheit in den Gegensätzen von Herrschern und Beherrschten, von Reichen und Armen, von Gläubigen und Häretikern. In diesen immer aufs Neue hervortretenden Gegensätzen verbirgt sich der Treibsatz, der die kulturelle Evolution und mit ihr das Wachstum der Erdbevölkerung exponentiell beschleunigte. Es ist der ständige Kampf um Macht, Reichtum und Ideen, der die Menschheit nicht zur Ruhe kommen lässt. Dabei ist es ein Kampf auf Leben und Tod, es geht um Sein oder Nichtsein. Der Sieger bekommt alles. Das führt zur Konzentration, zur Bildung von Monopolen der Macht, des Reichtums und der Ideen. Die Verlierer vergehen stumm. Geschichte ist eine Erzählung der Sieger.

„Kultur folgt fast immer der Macht."[83] Anders ausgedrückt: „Die Gedanken der herrschenden Klasse sind in jeder Epoche die herrschenden Gedanken (...)."[84] Ist das nicht der Fall, bricht das Herrschaftssystem zusammen. Welche Ideologie eine Kultur repräsentiert, welchen Anteil objektiver Wahrheit sie enthält, welchen Mythen, Religionen und Philosophien sie folgt, ist irrelevant, sie muss nur die Kraft besitzen, ein Volk zu einen.

Die Gefahr für eine bestehende Ordnung kommt allein aus der Unzufriedenheit mit den gegebenen materiellen Verhältnissen. Samuel P. Huntington bezeichnet, in Anlehnung an Joseph Nye, Kultur und Ideologie als „sanfte Macht", die nur dann Macht ist, wenn sie auf einem Fundament „harter Macht" ruht, soll heißen, wenn mit ihr Zuwächse an wirtschaftlicher und militärischer Macht verbunden sind.

Die harte Macht eines Volkes ist Grundlage des Vertrauens der Menschen in die eigene Kultur und steigert die Attraktivität ihrer Kultur auch für andere Völker. Umgekehrt führen Einbußen an wirtschaftlicher und militärischer Macht „zu Selbstzweifeln und Identitätskrisen und zu Bemühungen, in anderen Kulturen den Schlüssel zum wirtschaftlichen, militärischen und politischen Erfolg zu finden".[85] Der Teil einer Kultur, der sich als geistiger Überbau, als sanfte Macht einer Gesellschaft präsentiert, ruht auf dem Teil der Kultur eines Volkes, der die gegebenen materiellen Verhältnisse, die harte Macht, verkörpert. Verlieren die Menschen die Hoffnung auf wirtschaftlichen Fortschritt, bricht die herrschende Ideologie und mit ihr die Einheit von Herrschern und Beherrschten auseinander. Dies geschah in Europa, als die westlichen Vorstellungen einer kapitalistischen Gesellschaftsordnung auch im Osten immer attraktiver wurden und damit das Herrschaftssystem des Ostens von innen her aushöhlten. Der Staatssozialismus kann nicht die gleiche Produktivkraft entfalten wie

---

83   Huntington 1997, S. 136.
84   Marx/Engels 1845/46, S. 46.
85   Huntington 1997, S. 137 f.

der demokratische Kapitalismus, weil er die Bereitschaft des
Menschen zur Selbstausbeutung nicht hinreichend fördert. In
direkter Konkurrenz zueinander setzt sich immer das vitalere
System, das mit den höchsten Wachstumsraten durch.

Ein Volk als Produktions- und Lebensgemeinschaft benötigt eine
gemeinsame geistige Grundlage, gleiche Ideale und gleiche Ziel-
vorstellungen. Sie stehen im Dienste des materiellen Fortschritts
eines Volkes, seines Wachstums. Sie bilden den geistigen Überbau, wesentlicher Teil der Kultur eines Volkes, der das produktive
Kampfgeschehen im Innern psychisch erträglich macht, das
Chaos verhindert und ein Volk nach außen hin abgrenzt. Jedes
Kulturvolk hat eine eigene Vorstellung von der Welt und ein
eigenes Wertesystem. Nach Jacques Monod haben jene Ideen das
größte Durchsetzungsvermögen, „die den Menschen dadurch
erklären, daß sie ihm seinen Platz in einem notwendigen Schick-
salsablauf zuweisen, wo seine Angst sich löst".[86] Die Ideen sorgen dort für Sinn, wo es in Wahrheit keinen Sinn gibt. Sie sorgen
dafür, dass der sich seiner selbst bewusste Mensch die Angst vor
seiner Zukunft überwindet, um überhaupt handlungsfähig zu
sein.

Das Sammeln von Reichtümern und Macht über das lebensnotwendige Maß hinaus, der Antrieb zu gesteigertem Wachstum
also, wurde erst mit dem Getreideanbau möglich. Diese Möglichkeit erwächst aus der Notwendigkeit, das saisonal geerntete Korn
über längere Zeiträume zu speichern. Der Herr über die Kornkammern war Herr über Leben und Tod. Von nun an bestimmten Machteliten über die Produktionsverhältnisse und konnten
die Masse der Bevölkerung zur Arbeit für ihre ganz persönlichen
Bedürfnisse zwingen.

Pharaonen konnten gigantische Bauwerke errichten lassen, nur
um ihren Traum von einem ewigen Leben in ewigem Luxus zu
träumen. Nach dem bis heute geltenden Motto „Wer nicht arbeitet, soll auch nicht essen" bekamen nur die ihre Getreideration,

---

[86]   Monod 1996, S. 146.

die bereit und in der Lage waren, den Tag von morgens bis abends zu schuften – Grundlage einer gnadenlosen Selektion, welche die Leistungskraft des Volkes steigerte und das Bevölkerungswachstum der Getreideproduktion anpasste.

Dabei war es ein Zufall, der diese Voraussetzungen für ein recht stabiles Gesellschaftssystem schuf. Sowohl die Idee vom ewigen Leben als auch der Gedanke, diese Idee durch den Bau einer Pyramide zu verwirklichen, ist keineswegs zwingend. Im Gegenteil, der Bau einer Pyramide erscheint völlig überflüssig für das Bestreben der Menschen, ihre Grundbedürfnisse zu sichern – zumindest auf den ersten Blick. Ein zufälliger, eigentlich nutzloser Willensakt eines Menschen, für sein persönliches Seelenheil eine Pyramide errichten zu lassen, begründete eine Jahrtausende währende Kultur und wurde zum Eckpfeiler der Geschichte eines Volkes.

In einem evolutionären Prozess, der alles Leben auf höchste Energieeffizienz trimmt, wirkt Überfluss oder Luxus dann stabilisierend auf eine Gesellschaft, wenn er einer kreativen geistigen Elite vorbehalten ist, die als Kopf die vielen arbeitenden Hände eines Gesellschaftskörpers steuert. Kreativität setzt ein kontemplatives, von Arbeit und Leistungsdruck befreites Leben voraus. Für die Masse der Bevölkerung gilt dagegen höchste Energieeffizienz, soll heißen, sie müssen möglichst viel arbeiten und möglichst wenig essen, um einer Elite möglichst viel Luxus und arbeitsfreie Zeit zu bieten, die sie braucht, um die Zukunft zu planen, um kreativ zu sein. Das geschieht natürlich nicht bewusst, sondern ergibt sich aus dem unbewussten, natürlichen Verlangen der Mächtigen nach Glücksgefühlen und ihrem unermüdlichen Bemühen, diese immer wieder aufs Neue zu wecken. Der Traum von einer glücklichen Zukunft öffnet den Blick auf Ungewohntes, zuvor nicht Gedachtes, weckt den Geschmack auf eine verfeinerte, veredelte Welt, auf etwas, das man unbedingt noch braucht, um wirklich glücklich zu sein. „Das Fliegen wird erst möglich, wenn zuvor vom Fliegen geträumt wurde."[87]

Kreativ ist ein Mensch eigentlich nur dann, wenn das Erdachte in direkter Beziehung zu ihm selbst steht. Die egoistischen Träume der Mächtigen und ihr Streben nach Glück entscheiden so über den Bestand einer Gesellschaft. Die Idee vom ewigen Leben und der Bau einer Pyramide haben sich für die Ägypter offensichtlich ausgezahlt. Auch andere Völker haben ähnlich monumentale Bauwerke errichtet und eine lange Geschichte hinter sich. Die Idee vom ewigen Leben in ewigem Glück stabilisiert auch heute noch viele Gesellschaften, sie hat offensichtlich ein starkes Durchsetzungsvermögen und eine große einigende Kraft; ihr Ursprung ist der Zufall.

Das Errichten großer Gebäude, weit über ihren praktischen Nutzen hinaus, nur einem erdachten, geistigen Ziel folgend, ist typisch für sesshafte Kulturen und hat dem Wachstum der Menschheit sicher mehr genutzt als geschadet. Das Bauen über ein „natürliches" Maß hinaus unterscheidet den kulturschaffenden Menschen vom kulturschaffenden Tier.

Die Maßlosigkeit seiner Wünsche überhaupt macht den Menschen zu einem Sonderfall in der Natur. Er akzeptiert keine Sättigungsgrenze, er will von allem immer mehr. Er entwickelt eine Habgier, die es im Tierreich nicht gibt. Dieses übertriebene Verlangen nach gesteigerter Lebensqualität beschleunigt die biologische Evolution zur kulturellen Evolution und eine von einem unersättlichen Verlangen nach Überfluss und Luxus geprägte Kultur schafft die Voraussetzungen für ein beschleunigtes menschliches Wachstum, mit beschleunigtem Ressourcenverbrauch. Das Streben nach mehr Lebensqualität mündet in der Aufgabe, mehr Mäuler stopfen zu müssen als vorher, und zwar aus einem schwindenden Ressourcenvorrat. Das bedeutet, man ist insgesamt nicht reicher geworden, sondern ärmer. Ein unum-

---

[87]   Lem 2016, S. 40.

kehrbarer Prozess. Das Streben nach Luxus wird so zu einer Falle, in der der Mensch sich immer aufs Neue verfängt.

Der Kern dieses auf Luxus gegründeten zivilisatorischen Fortschritts besteht darin, dass sich bei der Produktion von besonders anspruchsvollen Gütern neue, hochwertigere Informationen in den Köpfen der Kulturschaffenden sammeln. Ein gesteigerter Vorrat an Informationen und verbesserte Methoden der Informationsverarbeitung bilden die natürlichen Voraussetzungen für gesteigertes Wachstum. Informationszuwachs ist der Schlüssel zum Ressourcenvorrat der Welt und das Genprogramm setzt, den Menschen unbewusst, jeden vorhandenen Ressourcenüberschuss direkt um in Wachstum.

Im Streben einer Machtelite nach Glück durch Luxus entwickelt sich in der Gesellschaft das nötige Wissen zur Steigerung seiner Produktivkraft, das Know-how für die Infrastruktur einer wachsenden Bevölkerung. Der heute zufällig erzeugte Luxus liefert ein Arsenal an Lösungen für die Probleme von morgen. Unter dem Selektionsdruck hat nur der Luxus Bestand, der sich als wachstumsfördernd erweist. Dieser Wachstumsmechanismus hat im Zuge der Globalisierung alle Ländergrenzen übersprungen und wirkt heute weltweit. Der in den reichen Ländern produzierte und konsumierte Luxus sorgt dafür, dass die Weltbevölkerung ständig ansteigt – auch und gerade dann, wenn in den technisch hoch entwickelten Ländern die Geburtenrate abnimmt.

Den Traum von einer glücklichen Zukunft zu träumen, zu planen und auch möglichst durchzusetzen, das erwartet ein Volk von seiner Führung. Es will wissen, wo es langgeht, und folgt seinen Machteliten in der Hoffnung, dass das, was für diese gut ist, auch für es selbst gut sein wird. Diese Hoffnung ist nicht unberechtigt, denn die Eliten sind letztendlich abhängig von der Verfassung eines Volkes, von der es wiederum abhängt, ob die Ideen der Mächtigen sich realisieren lassen oder nicht, ob es Fortschritt gibt oder nicht. Die natürliche Auslese sorgt dafür, dass ein effizientes

Zusammenspiel von Herrschern und Beherrschten sich evolutionär durchsetzt.

Das soll nicht heißen, dass Harmonie das höchste gesellschaftliche Ziel sein sollte. Wer die Kooperationsfähigkeit als alleiniges Kriterium für gesellschaftlichen Erfolg betrachtet, übersieht die Bedeutung der Konfrontation für die wirtschaftliche Prosperität, die langfristig über das Wohl und Wehe einer Gesellschaft bestimmt. Denn scheinbar paradox verleihen der Egoismus der Einzelnen und das sich daraus entwickelnde Wettrüsten, das dem Tüchtigen den entscheidenden Überlebensvorteil verschafft, der Gemeinschaft die Stärke im Innern, die sie braucht, um nach außen zu bestehen. Die Art und Weise, wie eine Gemeinschaft diese konstruktive Spannung zwischen Konfrontation und Kooperation in ihrem Innern institutionell und vor allem ideologisch nutzbringend regelt, ist ein besonderes Merkmal ihrer Kultur. Dieses Spannungsverhältnis konstituiert eine geistige, eine politische Kultur.

Dieses Potenzial, das auch die Kraft hat, eine Gesellschaft zu zerreißen, kulminiert im Verteilungsproblem, dem Moment, in dem die Beute, die gemeinsam erworbene und für alle lebenswichtige Ressource, verteilt wird. Die Brisanz liegt in dem zentralen Aspekt, dass jede Lebensmaschine auf Habgier programmiert ist, das heißt, sie muss alle Mittel einsetzen, um den eigenen Vorteil zu sichern, und darf nicht zulassen, dass andere mehr gewinnen – eine Unmöglichkeit im Leben einer Gemeinschaft. Dieses uns von der Natur auferlegte Verhalten ist stets präsent und zeigt sich offen als Gewalt. Gewalthandlungen stören die Warenproduktion und müssen verhindert werden. Sie sind umso gefährlicher, je komplexer eine Gesellschaft strukturiert ist. Es ist die Aufgabe einer Ideologie, uns dieses Gewaltverlangen zu nehmen, es aus unserem Bewusstsein zu verdrängen, durch eine unbewusste Manipulation unserer Gefühlswelt.

So wie Freud in der Sublimierung sexueller Energie die Grundlage menschlicher Kultur erblickt,[88] ist hier die Sublimierung der Habgier des Menschen Ausgangspunkt für ein friedliches Zusammenleben. Eine politische Kultur bindet und veredelt unförmige Gewalt zur Ordnung stiftenden Macht und legitimiert so das Herrschaftssystem – alles jedoch in dem Rahmen, wie er von der biologischen Evolution bereits vorgegeben ist. Dazu gehört vor allem die Akzeptanz einer Machthierarchie, die dafür sorgt, dass den Fittesten der Vorzug bei der Ressourcenverteilung gesichert ist. Das Dominanzstreben, welches das leistungsstärkste Individuum mit dem entschlossensten Willen zur Macht an die Spitze einer Gruppe führt, ist ebenso eine politische wie auch eine biologische Konstante.

Eine verwöhnte Oberschicht geht voran und die Massen folgen ihnen in eine ungewisse Zukunft. In der epochalen Wende vom Leben als Jäger und Sammler in freier Natur zum sesshaften Getreidebauern war es wohl nicht anders. Eine kleine Oberschicht konnte wahrscheinlich wie ihre jagenden Vorfahren weiterhin leicht verdauliches Fleisch essen. Für die Masse der Bevölkerung gab es Getreidebrei und es überlebte nur der Teil, der sich an eine ausschließliche Ernährung damit anpassen konnte. Aus heutiger Sicht war es der Auszug aus einem Paradies, eines, das zu klein geworden war, um die wachsenden Volksmassen zu ernähren.

Die Geschichte der Menschheit folgt diesem Schema einer Vertreibung bis heute, mit dem Ergebnis, dass es immer mehr Menschen gibt auf dieser Welt, von denen die allermeisten unter immer miserableren Verhältnissen leben müssen. Der sogenannte kulturelle Aufstieg der Menschen ist in Wahrheit ein Prozess seiner Verelendung. Aus dem Streben einer Oberschicht nach Luxus erwächst kein Wohlstand für alle wie gehofft, sondern alle Anstrengungen zu mehr Lebensqualität führen nach dem Muster der Luxusfalle zu einem Anstieg der Weltbevölkerung. Das be-

---

[88]   So etwa Freud 1994, S. 69.

deutet, dass die schwindenden Ressourcen unter immer mehr Menschen geteilt werden müssen, die so, im Streben nach Wohlstand, nicht reicher, sondern immer ärmer werden. Yavul Noah Harari stellt fest: „Paradoxerweise summiert sich die Abfolge von ‚Verbesserungen‘, die den Menschen eigentlich das Leben erleichtern sollten, im Laufe der Zeit zu einer drastischen Verschlechterung." Qualität gebiert Quantität, aus dem Luxus weniger erwächst das Elend vieler.

Traditionell erfüllt Kultur die Aufgabe, eine Gruppe von Menschen, ein Volk nach innen zu festigen, als notwendige Voraussetzung für den Konkurrenzkampf mit anderen Völkern und Kulturen um lebenswichtige Ressourcen. Aus dieser Perspektive ist die Idee einer multikulturellen Gesellschaft ein Widerspruch in sich.

Kulturelle Einheit bedeutet jedoch nicht ethnische Homogenität, sie verlangt nur, dass alle sich einem gemeinsamen Wertesystem unterwerfen und gleiche Spielregeln, gleiche Vorstellungen vom Zusammenleben entwickeln. Das gelingt nur mit einer gemeinsamen Sprache, die die Menschen im Geiste verbindet. Die gemeinsame Sprache ist für das Zusammengehörigkeitsgefühl einer Gemeinschaft von entscheidender Bedeutung und ein fehlendes Gemeinschaftsgefühl belastet unsere Psyche schwer. Der Gemeinschaftsgeist ist tief in uns angelegt, war er doch von immenser Bedeutung für die Selektion, die uns hervorgebracht hat. Kulturelle Einheit steht für die Befriedigung unseres Bedürfnisses nach materieller und vor allem emotionaler Sicherheit.

Die entscheidende Funktion eines geistigen Überbaus, einer Ideologie liegt darin, immer neu einen Gemeinschaftsgeist zu erzeugen, sie muss dem Einzelnen ständig die Sicherheit vermitteln, dass er noch dazugehört, dass er sich sicher fühlen kann. Religionen haben das Jahrtausende geleistet, sie haben streng zwischen innen und außen, zwischen dem Eigenen und dem Fremden unterschieden und für klare Verhältnisse gesorgt. Mit der wachsenden Arbeitsteilung einer wachsenden Gesellschaft wurden die inneren Verhältnisse irgendwann derart komplex und unübersichtlich für den Einzelnen, dass ein Bindemittel völlig neuer Qualität nötig wurde und auch entstand, das moderne Geld.

Geld entfaltet seine Wirkung im Zusammenspiel mit der Idee der Freiheit – Freiheit im Sinne der Aufhebung aller gegenseitigen sozialen Verpflichtungen, um die Menschen im Streben nach Geld umso fester wieder aneinander zu binden, Freiheit auch im Sinne der Auflösung traditioneller Formen von Herrschaft, um sie durch die abstrakte, unsichtbare Herrschaft des Geldes zu ersetzen. Geld hebt eine Gesellschaft auf, sprengt ihre Grenzen und schafft neue Gemeinschaften als Produktionsgemeinschaften. Geld steigert damit allgemein die Leistungsfähigkeit der Menschheit in der Güterproduktion. Geld schafft, scheinbar paradox, die Voraussetzungen für gesteigertes Wachstum einer Gesellschaft dadurch, dass es sie gleichzeitig innerlich zerstört.

Heute überschwemmt das Geld die ganze Welt und bindet die Menschen über alle Kulturen hinweg. Will man von einer Kultur des Geldes sprechen, so bezeichnet das eine Kultur der Kulturlosigkeit, eine Kultur der grenzenlosen Freiheit, in der „Multikulti“ kein Widerspruch mehr ist.

Die Religion, einst Herzstück einer Kultur, bleibt als leere Hülse zurück. Die wundersame Kraft des Geldes hält offensichtlich allen, die daran glauben, einen in der Geschichte der Menschheit nie gekannten materiellen Luxus bereit. Mit diesem überzeugenden Beweis seiner Macht stellt Geld als Fetisch alle anderen Ideen, Religionen und Kulturen in den Schatten. Die Kultur des Geldes saugt alle anderen Kulturen in sich auf und macht aus ihnen Folklore für das Unterhaltungsprogramm einer Wohlstandsgesellschaft. Der Kapitalismus hat den Traum vom Paradies auf die Erde geholt und allen, die genügend Geld gesammelt haben, den Traum zur Wirklichkeit werden lassen, den Traum von einem Leben in materiellem Überfluss. Zudem vermittelt Geld den festen Glauben, dass der Wohlstand für alle Ewigkeit so bleibt, dass mit ihm die Zukunft sicher planbar wurde. Eine geradezu magische, göttliche Kraft dichtet man ihm an.

In dem Sinne, wie Religion Opium ist, wirkt auch Geld als Droge. Geldbesitz eröffnet dem Menschen eine Scheinwelt, in der sich seine Angst löst, die Angst vor einer ungewissen Zukunft, die vorgeblich nur noch vom Kontostand abhängt. Wer genug Geld hat, darf sich sicher fühlen in dieser Welt. Zu dieser Fiktion gehört auch, dass er alles alleine schafft. Jeden Geldzuwachs hat er allein sich und seiner persönlichen Leistungskraft zu verdanken. Er bleibt allein mit seinem Geld, so wie im Gebet mit seinem persönlichen Gott, der nicht mehr der Gott seines Volkes ist.

Die im Glauben als virtuelle Realität wahrgenommene Einheit von persönlicher Freiheit und Sicherheit im Schutze *seines* Gottes, ohne guter Werke und einer vermittelnden kirchlichen Gemeinschaft für sein Seelenheil zu bedürfen, ist eine Erfindung des Protestantismus. Alle später formulierten Freiheitsrechte des Einzelnen gegenüber der Gesellschaft und auch die Demokratie haben hier ihren Ursprung.

Geld steht also für Wohlstand, Sicherheit und Freiheit und hat damit die Qualität einer Wunderdroge. Nicht verwunderlich ist, dass alle Welt sie besitzen möchte. Der Weg dorthin führt über die Arbeit und der im Kapitalismus kultivierte Mensch ist bereit, hart zu arbeiten. Er ist aber nur widerstrebend bereit, dafür zu kämpfen oder gar zu sterben, schließlich geht es nicht mehr um ein Leben nach dem Tod, sondern man möchte sein luxuriöses Leben möglichst lange auf Erden genießen. Geld hat offensichtlich auch noch eine befriedende Wirkung.

Die Kultur des Geldes gliedert sich in eine Kultur der Arbeit und eine der Freizeit. Die eine dient dem Erwerb von Geld, die andere dessen Verbrauch. Das eine bekommt seine Bedeutung durch das andere. Wir arbeiten, um zu konsumieren, und wir konsumieren, um Nachfrage und damit Arbeitsplätze zu schaffen, mit denen wir das Geld verdienen, um konsumieren zu können. Das

Verlangen nach immer mehr Geld bewirkt eine gesteigerte Arbeitsleistung und diese verlangt gesteigerten Konsum, damit der Geldkreislauf funktioniert. Zur Verpflichtung zur Arbeit gesellt sich die Verpflichtung zum Konsum. Durch Arbeit bekämpfen wir den Mangel und durch Konsum den Überfluss. Nicht zur selben Zeit und nicht am gleichen Ort. So wie sich der Arbeiter vom Produkt seiner Arbeit entfremdet, werden Arbeit und Konsum als getrennte Welten wahrgenommen – ein wichtiger Umstand für das reibungslose Funktionieren der Warenproduktion.

Die Not auf der einen und die Habgier auf der anderen Seite bewerkstelligen den Wachstum fördernden Überfluss. Einer Gesellschaftsordnung, in der Kinderarbeit zur Normalität gehört, steht eine Wohlstandsgesellschaft gegenüber, in der die Kinderzimmer den Überfluss kaum noch fassen. Dieser allgemein beklagte Zustand der Welt ist konstitutiv für den Kapitalismus. Eine Verständigung beider Seiten, ein auf sozialen Ausgleich gerichtetes Konzept brächte den Wachstumsmotor zum Stillstand. Entsprechend ist ein Kulturverständnis, in der Kultur als einigendes Band einer Solidargemeinschaft gedacht ist, kontraproduktiv, also ein Hemmnis für die Warenproduktion. Nebenbei bemerkt: Die allgemeine Ratlosigkeit in der Europäischen Union hat genau hier ihre Ursache – man versucht verzweifelt eine Solidargemeinschaft aufzubauen, ohne auf den Ausbeutungsmechanismus als Wachstumsmotor zu verzichten. Zwischen Sozialismus und Kapitalismus gibt es nur ein Entweder-oder; man wird sich entscheiden müssen.

Wesentlicher Teil einer Kultur war zu allen Zeiten, die Sinnfrage für alle Mitglieder einheitlich zu beantworten, um die Gemeinschaft damit nach innen zu festigen und nach außen abzugrenzen. In der globalen Geldwirtschaft geht es darum, alle Bindungen zu trennen, die der Warenproduktion im Wege stehen könnten, auch die kulturellen. In der Kultur des Geldes, einer Kultur der Kulturlosigkeit, hat man sich darauf geeinigt, die Sinnfrage aus dem öffentlichen Bewusstsein zu streichen, und sie zur Privatsache erklärt. Im Kapitalismus soll jeder nach seiner Fasson selig werden. Der Kampf der Kulturen ist auf eine paradoxe Weise überwunden. Alle folgen einer allgemeinen Tendenz, mit der gleichzeitigen Verpflichtung, ihre Einzigartigkeit zu zeigen. Kultur als einigendes Band hebt sich selbst auf und verschwindet in einer Vielzahl von Privatkulturen. Jeder arbeitet und konsumiert im Streben nach seinem ganz persönlichen Glück, dessen Inhalt er allein bestimmt und nach außen hin deutlich zeigt.

Der im Umgang mit Geld kultivierte Mensch denkt nur an sein eigenes leibliches Wohl, garantiert vom Geld, erworben durch Leistung, und erwartet von allen anderen, dass sie das Gleiche tun. Allein das Leben ist heilig und niemand ist aufgefordert zu sagen, warum. Das einzig Verbindende einer kapitalistischen Gesellschaft ist die bei allen vorhandene Sorge um die eigene biologische Existenz. Es gibt nichts Wichtigeres als diese, die wiederum in direkter Beziehung zum Geldbesitz steht. Geld bedeutet Leben und Leben heißt Geld verdienen. Geld ist der gemeinsame Nenner für alles und blendet alles aus, was dem Arbeitseifer der Menschen im Wege stehen könnte.

Als Alleinkämpfer verkommt der Mensch zur reinen Leistungsmaschine in einem Exzess der Leistungssteigerung. Seine Lebendigkeit entspricht einem reibungslosen Funktionieren in der großen Maschinerie der Bearbeitung der Natur zu Waren. Die dramatische Konsequenz: Die Unmenge völlig unkontrolliert und überflüssig erzeugter Güter ist nichts als die Vorstufe von Müll, der uns allen bedrohlich nahe kommt und die Kraft hat, die ganze Menschheit zu vernichten.

Die lebensbedrohlichen klimawirksamen Gase, als spezielle Form von Müll, entstehen nicht nur bei der Herstellung von Waren, sondern auch bei deren Entsorgung, in einer Müllverbrennungsanlage zum Beispiel. Bei jeder Verbrennung kohlenstoffhaltiger Substanzen wird ein bestimmtes Quantum Sauerstoff der Luft in ein gleiches Quantum Kohlendioxid eingetauscht. Fast die gesamten auf der Erde geförderten Energieträger gelangen so letztlich als Klimagase in die Atmosphäre. Die Leben spendende Fotosynthese der Pflanzen kommt schon lange nicht mehr mit, das entstehende Kohlendioxid wieder gegen Sauerstoff auszutauschen, zumal wir die grüne Lunge der Urwälder systematisch zerstören. Auch von ihnen bleibt am Ende nichts als Müll. Es ist nicht übertrieben und völlig gerechtfertigt, wenn wir unser ganzes Wirken auf der Erde als Produktion von Müll zusammenfassen. Er ist überall, auf dem Land, im Wasser und in der Luft. Man kann es nicht deutlich genug sagen: Der gasförmige, für uns unsichtbare Müll ist der mit Abstand gefährlichste. Der CO_2-Gehalt der Luft ist unser Schicksal.

Zur endgültigen Katastrophe führt jedoch unsere Ignoranz, unsere Unfähigkeit, uns selbst als Verursacher des ganzen Desasters zu identifizieren. Zum Nachdenken sind wir viel zu beschäftigt.

Nach Byung-Chul Han bringt die Leistungs- und Aktivgesellschaft als ihre Kehrseite „eine exzessive Müdigkeit und Erschöpfung hervor. Diese Zustände sind gerade für eine Welt charakteristisch, die arm an Negativität ist (...).“[89] Mangelnde Negativität bedeutet, wir haben alle Hindernisse beseitigt, die einem Exzess der Leistungssteigerung im Wege stehen. Wir haben nichts mehr, was uns von außen bedrängt, wir sind völlig frei, frei sowohl von Feinden als auch von Freunden. Der Lebenskampf wird zum Kampf gegen die eigene Natur und damit zu einer Anspannung, der unsere Psyche auf Dauer nicht gewachsen ist, weil die Sinnlosigkeit unseres Tuns offensichtlich wird.

Müdigkeit als existenzieller Zustand lässt uns ausharren in einer Situation, die wir als unerträglich empfinden, aber aus eigener Kraft nicht ändern können. Wir schaffen es durch diese Art der Bewusstseinstrübung, eine Realität zu verdrängen, die uns bewusst tief erschüttern würde. Wir müssten nämlich feststellen, dass wir in Wahrheit nicht frei, sondern einsam sind. „Die

---

[89] Han 2014, S. 57.

Müdigkeit der Leistungsgesellschaft ist eine Alleinmüdigkeit, die vereinzelnd und isolierend wirkt."[90]

Der Kapitalismus saugt seine Kraft aus der Vereinzelung der Menschen, die er in Konkurrenz gegeneinander treibt. Die als positiv dargestellte Kultur der Freiheit, in der wir angeblich leben, ist in Wahrheit ein negativer Prozess der Vereinzelung der Menschen in einer erodierenden Gemeinschaft. Das daraus resultierende Gefühl des Verlassenseins in einer fremden Welt weckt Todesängste und ist für uns unerträglich – eine brandgefährliche Situation für den Weltfrieden, denn ein verzweifelter Mensch ist zu allem bereit.

Wir versuchen die verängstigende Realität mit aller Macht zu verdrängen, was uns aufgrund unserer Fähigkeit zum Selbstbetrug auch gelingt. Diese Fähigkeit entfaltet sich immer dann in voller Kraft, wenn wir das Gefühl haben, einen materiellen Vorteil, also Geld, für uns selbst damit zu ergattern. Die Stabilität unseres Gesellschaftssystems, der Bestand unserer gegenwärtigen Kultur, beruht auf einer Fiktion, die von unserer Habgier, dem besessenen Streben nach Geld, aufrechterhalten wird.

Mit aller Macht klammern wir uns an die Fiktion, mit privatem Geldbesitz die eigene Zukunft sichern zu können. Objektiv gesehen ist die Vorstellung von einer „privaten Vorsorge" ohne deren Rückhalt in einer intakten Gemeinschaft und ohne Rücksicht auf die umgebende Natur völlig absurd. Wir vergessen, dass Geld nur Platzhalter für einen Gegenstand oder eine Dienstleistung der realen Welt ist. Verschwindet diese Sache, hat auch das Geld, das dafür stand, keine Bedeutung mehr. Geld treibt den Motor der Warenproduktion an. Steht der Motor still, aus welchen Gründen auch immer, fällt der Wert des Geldes auf null und wer am meisten davon hat, verliert auch am meisten. Geld ist nur Mittel zum Zweck und es ist nicht erkennbar, wie man allein durch das Horten von Geld seine Zukunft sicherer machen könnte. Um es kurz zu sagen: Ein bestimmter Geldschein hat nur

---

[90]   Han 2014, S. 57.

so lange einen Wert, wie es irgendwo Menschen gibt, die bereit sind, aus welchen Gründen auch immer, für bedrucktes Papier dieser Art zu arbeiten, denn Geld steht für Arbeit und Arbeit ist existenziell für Leben und Wachstum.

Unsere Zukunft steht und fällt mit der künftigen Warenproduktion durch künftige menschliche Arbeit und für den Einzelnen ist der Generationenvertrag die einzige Form einer denkbaren Zukunftssicherung. Aber die Illusion bleibt und wir glauben immer noch, uns mit Geld aus der Abhängigkeit einer Gemeinschaft befreien zu können, ohne unsere Sicherheit dabei einzubüßen. Für ein soziales Wesen wie den Menschen jedoch gibt es keine Sicherheit außerhalb einer geordneten Solidargemeinschaft. Wir wissen es alle, haben aber nicht die Kraft, uns diese simple Wahrheit einzugestehen, und folgen weiterhin den Verlockungen einer trügerischen Freiheit, im Vertrauen auf einen Sicherheit suggerierenden Geld- und Warenfetisch.

Schwindet die Droge Geld – und es liegt im System des Kapitalismus, dass es aus der Masse der Bevölkerung in einen immer kleineren Teil der Gesellschaft strebt –, treibt es die Menschen unbewusst zurück in den Traum einer schützenden Gemeinschaft, kommt der Wunsch auf, die Grenzen wieder hochzuziehen. Dummerweise steht dahinter der gleiche Antrieb, der alle geordneten Strukturen im Namen grenzenloser Freiheit zerstört hat, nämlich die Gier nach Geld. Für die kulturelle Evolution gibt es aber, ebenso wie für die biologische, keinen Weg zurück. Alle Versuche, die vermeintlich heile Welt von gestern wieder herzustellen, müssen scheitern.

Dem im Kapitalismus sozialisierten Menschen fehlt jede Vorstellung einer Existenzsicherung ohne Geld. Wir sind Abhängige einer Droge, die im Rausch ein flüchtiges Glück für uns bereithält, aber in Wirklichkeit als Wachstumsdroge die Weltbevölkerung auf über sieben Milliarden Individuen hat ansteigen lassen. Nüchtern müssen wir feststellen, dass wir diese Menschenmenge nicht unter Drogeneinfluss ernähren können. Nicht Fiktionen

oder Werturteile, sondern nur die Beachtung objektiver Naturge-
setzmäßigkeiten gibt uns eine Chance, unsere Zukunft zu meistern. Die Menschen sind gezwungen, „ihre Lebensstellung, ihre
gegenseitigen Beziehungen mit nüchternen Augen anzusehen".[91]

Diese Forderung nach Objektivität können wir heute erfüllen.
Die Naturwissenschaften bieten uns die Möglichkeit, Erkenntnis-
und Werturteile zu unterscheiden, als Voraussetzung wahrer Erkenntnis. Für Jacques Monod ist die bewusste Anerkennung dieses „Objektivitätspostulates" die Grundlage einer neuen Ethik –
der „Ethik der Erkenntnis". Sie unterscheidet sich von anderen
Systemen der Ethik dadurch, dass sie gleichzeitig eine „Erkenntnis der Ethik ist", nämlich „der Antriebe und Leidenschaften, der
Bedürfnisse und Grenzen des biologischen Wesens Mensch".[92]
Die Ethik der Erkenntnis ermutigt den Menschen, sein biologi-
sches Erbe zu achten, aber auch zu beherrschen. Harari drückt
sich deutlicher aus, wenn er auf den Graben zwischen den Glau-
benssätzen eines liberalen Humanismus und den neuesten Erkenntnissen der Biowissenschaften hinweist: „Unser Verhalten
wird nicht vom freien Willen gesteuert, sondern von Hormonen,
Genen und Synapsen, wie sie auch Schimpansen, Wölfe und
Ameisen haben. Unser Rechtsstaat und unsere Demokratie kehren diese unbequemen Wahrheiten gern unter den Teppich. Wie
lange wird es noch dauern, bis wir die Mauer zwischen der biologischen und der juristischen Fakultät einreißen?"[93]

Monod zeigt uns einen Weg, uns vom Einfluss unserer Gene zu
emanzipieren, indem wir deren Macht anerkennen. Ein solcher
Ansatz könnte eine Kultur von morgen begründen. Ob es allerdings dazu kommt, ist mehr als fraglich. Die Welt funktioniert,
wie sie funktioniert, weil niemand wissen *will*, wie sie funktioniert. Auch Jacques Monod bemerkt kritisch: „Unsere Gesellschaft ist mit allen Möglichkeiten ausgerüstet, die die Wissen-

---

91   Marx/Engels 1848, S. 465.
92   Monod 1996, S. 155.
93   Harari 2015, S. 288.

92

schaft ihr gibt, sie genießt alle Reichtümer, die ihr die Wissenschaft schenkt, aber sie versucht noch, Wertsysteme zu praktizieren und zu lehren, die schon an der Wurzel durch eben diese Wissenschaft zerstört sind."[94] Es fehlt uns der entscheidende Wille, wir wollen die Wahrheit gar nicht kennen, unser Bewusstsein ist auf eine paradoxe Weise blockiert. Das erkannte bereits Arthur Schopenhauer: „Der Mensch kann zwar tun, was er will, aber kann nicht wollen, was er will."[95] Dieses hohe Maß an Selbsterkenntnis lässt sich erweitern durch die Einsicht, dass unser Wollen von einem intrinsischen Verlangen bestimmt wird, das wir wegen seiner Unersättlichkeit treffend als Habgier bezeichnen. Dieser innere Antrieb besiegt unsere Angst, treibt uns um und lässt uns keinen Frieden finden, nicht mit uns selbst und nicht mit der Welt.

Auf die Gesellschaft übertragen, wird deren Handeln von der Habgier der Reichen und Mächtigen bestimmt, die nur das eine Ziel kennen, noch reicher und noch mächtiger zu werden. Sie bilden die Vorhut zivilisatorischen Fortschritts. Die Massen folgen willig in der Hoffnung, etwas vom Reichtum abzubekommen, auch wenn sie dafür hart arbeiten und ihre Sicherheit und sogar ihr Leben aufs Spiel setzen müssen.

Diese Selbsterkenntnis kränkt unser Ego und das egoistische Verlangen der Reichen und Mächtigen sublimiert deshalb in unserer Vorstellung zu einer Kultur der Tüchtigen und Mutigen und die von entfesselter Habgier beschleunigte biologische Evolution veredeln wir zu einem „Aufstieg des Menschen". Den Kapitalismus träumen wir uns als „soziale Marktwirtschaft". Statt von natürlichen Trieben glaubt der Mensch sich von der Vernunft und von moralischen Werturteilen geleitet. Wir verarbeiten die

---

[94]   Monod 1996, S. 149.

[95]   So jedenfalls die Schopenhauer später zugeschriebene Version. Im Original (Schopenhauer 1860, S. 24) lautet das Wort: „Du kannst thun was du willst: aber du kannst, in jedem gegebenen Augenblick deines Lebens, nur Ein Bestimmtes wollen und schlechterdings nicht Anderes, als dieses Eine."

Schöpfung zu Müll und behaupten frech, wir wollten sie bewahren. Eine verstörende Realität ertränken wir in Spiritualität oder flüchten in eine unseren Sehnsüchten angepasste virtuelle Realität. Wir müssen ständig unseren Geist ablenken von den realen Verhältnissen dieser Welt, wenn wir nicht arbeiten, wenn wir nicht die Natur bearbeiten, um immer weiter zu wachsen.

Die Erzeugung von Traumwelten ist Teil unserer Psyche. Im Kapitalismus gerinnen Träume zur Ware. Deren Produktion ist ein florierendes Geschäft. Ein bei schwindender Arbeit wachsendes Verlangen nach Freizeitunterhaltung und ein ausufernder Kulturbetrieb sorgen für Absatz, Arbeitsplätze und Geld, für alles, um ungestört weiterzuträumen und Spaß zu haben. Genau besehen handelt es sich hier um einen von innen befeuerten Kreisprozess, der Waren und Wachstum produziert und eine dementsprechende Menge Müll.

Kultur erleben wir heute als einen Akt der Verdrängung, der Ausblendung all der Informationen, die unserem Wachstum im Wege stehen. Wir haben die Grenzen des Wachstums jedoch längst erreicht und aus Träumen werden Albträume, wenn wir an die reale Gefahr eines Atomkrieges oder die Folgen des einsetzenden Klimawandels denken. Um diesen Herausforderungen gerecht werden zu können, müssen wir uns um Selbsterkenntnis bemühen, uns dabei verbünden und gemeinsam nach Wegen suchen, wie wir uns in entscheidenden Lebensfragen vom Diktat unserer Gene befreien können.

GELD

Die Bedeutung des Geldes in seiner heutigen Form entstand zugleich mit dem Kapitalismus in Westeuropa auf dem Boden der christlich-abendländischen Kultur.

Das Christentum entwickelte sich aus einer von den Römern bedrängten und verfolgten urchristlichen Gemeinde, die durch die gemeinsame Erfahrung existentieller Not und die gemeinsame Hoffnung auf die Wiederkunft ihres Erlösers zusammengeschweißt wurde. Der Erlöser, der nicht kam, und die Frage, warum ein allmächtiger, sein Volk liebender Gott überhaupt dieses Elend zuließ, das seine sich unschuldig fühlenden Kinder heimsuchte, zwangen zum Nachdenken über die realen Gegebenheiten dieser Welt. Die Theodizee, der verzweifelte Versuch, die Traumwelt einer Selbsttäuschung mit der Realität zu verbinden, sie zu rechtfertigen, sie irgendwie plausibel erscheinen zu lassen, entfachte den Geist aller folgenden Generationen stets aufs Neue. Diese bereits von der griechischen Gnosis gestellten Fragen lieferten den Anstoß zur Entfaltung der Wissenschaften im christlich-abendländischen Raum. Um es mit Nietzsche zu sagen: „(...) der Kampf gegen den christlich-kirchlichen Druck von Jahrtausenden (...) hat in Europa eine prachtvolle Spannung des Geistes geschaffen, wie sie auf Erden noch nicht da war; mit einem so gespannten Bogen kann man nunmehr nach den fernsten Zielen schießen."[96]

Darin besteht die Dialektik des Glaubens. Ein Glaube, der sich von der Welt radikal abwendet und nur noch auf deren Ende hofft, ruft bei seinen um ihre Existenz bangenden Anhängern gläubigen Zweifel hervor, der intellektuell verarbeitet werden muss.

---

[96] Nietzsche 1953, S. 4 f.

Der stets latente Zweifel, der Stachel im Fleisch jeder Glaubensüberzeugung, hat ausgefeilte Methoden der Beweisführung, eine wissenschaftliche Denkweise und mit ihr eine Fülle von Naturerkenntnissen hervorgebracht. Letztere haben die Traumwelten immer aufs Neue ins Wanken gebracht, was dann wieder mit neuen, überzeugenderen Gedankenspekulationen versucht wurde abzufangen. Aus der Unmöglichkeit einer abschließenden Lösung entwickelte sich so eine gespaltene Denkweise, die Trennung der menschlichen Natur von einem göttlichen Geist. In der Sache handelt es sich um eine Bewusstseinsspaltung, die das Nebeneinander des lebenswichtigen Realitätssinns und der genauso wichtigen Fähigkeit zum Selbstbetrug widerspiegelt. In uns allen wirkt die Dualität von Wissen und Glauben.

Diese geistige Aufrüstung und eine Bevölkerungsentwicklung, die das Land immer knapper werden ließ, entfaltete die Dynamik, die für den Aufbruch vom Mittelalter in eine neue Zeit kennzeichnend war. Die Kreuzzüge markierten den Zeitpunkt, an dem in Westeuropa alles Land besetzt war und die Völker Europas begannen, sich den fruchtbaren Boden in blutigen Schlachten gegenseitig zu entreißen.

Seit dem Auftauchen der Feuerwaffen im 14. Jahrhundert verlor die physische Kraft des Kämpfers immer mehr an Bedeutung, kampfentscheidend waren fortan das Know-how des Waffenschmiedes und die Leistungsfähigkeit eines im Entstehen begriffenen militärischen Komplexes. Praktisch bedeutete das, dass neben den Kriegern weitere Berufsgruppen, vor allem Handwerker, von den Bauern ernährt werden mussten.

Das gelang nur durch Umgestaltung der Produktionsverhältnisse, in denen das Geld eine zentrale Rolle übernahm. Die Monetarisierung der Gesellschaft verlief etwa nach folgendem Schema: Der frühneuzeitliche Herrscher reklamierte alles Land für sich als seinen Privatbesitz, auch die Gemeindeflächen, die sogenannte Allmende. Sodann verlangte er Abgaben von den Bauern, die dieses Land nutzen wollten, und zwar in Form von Geld. Das

Geld gab er seinen Soldaten, die damit Lebensmittel von den Bauern einfordern konnten. Je mehr Geld er den Soldaten gab und je mehr Soldaten er in seine Dienste nahm, desto mehr mussten die Bauern arbeiten. Mit einer Zunahme des umlaufenden Geldes und dem nötigen militärischen Druck konnte so eine immer größere Arbeitsleistung der Bauern erzwungen werden.

Mehr Geld ist demnach gleichzusetzen mit mehr Arbeit und umgekehrt bedeutet mehr Arbeit zunächst auch mehr Geld. Bliebe dieses Mehr an Geld beim Bauern, wäre der Zwang zur Mehrarbeit schnell dahin gewesen. Nur ein permanenter Geldmangel bringt den Bauern dazu, mehr zu arbeiten, als er zur Reproduktion seiner selbst benötigt. Diesen Mangel stets aufrechtzuerhalten, war die Aufgabe herrschaftlicher Gewalt, die die wachsende Mehrarbeit in Form von mehr Geld in den militärischen Komplex pumpen konnte.

Die Schaffung eines Geldkreislaufes als Zwangsmittel zur Mehrwertproduktion war die Geburtsstunde des Kapitalismus und führte zu einer völligen Umgestaltung der Gesellschaft. „(…) die religiöse Hierarchie löste sich auf in eine noch unbestimmte andere Logik der Herrschaft. Diese erwies sich als zunehmend geprägt durch das Bedürfnis nach Geld und immer mehr Geld für die anders nicht zu bewerkstelligende Mobilisierung des militärisch-industriellen Komplexes. Schritt für Schritt, Zug um Zug wurden alle hierarchischen Verpflichtungsverhältnisse, Abgaben, Tribute, Leistungen, ‚Geschenke‘ vielfältigster Art brutal ‚monetarisiert‘ und zugleich in die Höhe getrieben.“[97] So begann die über Jahrhunderte sich hinziehende Entwicklung des modernen zentralistischen Steuerstaats und einer modernen „politischen Ökonomie“. „Der allseitige Zwang zum ‚Geldverdienen‘ nicht für eigene Zwecke, sondern für den fremden äußeren Zweck des staatlich-militärisch-industriellen Monsters konstituierte einen noch nie dagewesenen Markt (…).“[98] Der Kapitalis-

---

[97]   Kurz 2012, S. 119.
[98]   Kurz 2012, S. 120.

mus war geboren und entwickelte sich als Geldbeschaffungsmaschine für den militärischen Komplex und sorgte für den Aufstieg des Westens zur unanfechtbaren industriellen und militärischen Weltmacht.

Die praktische Bedeutung von Geld liegt darin, dass mit ihm die menschliche Arbeit eine fluide Form annimmt, in welcher sie beliebig teilbar und handelbar wird, man kann sie speichern und als Spekulationsobjekt verwenden und man kann sie von einem gesellschaftlichen Teilbereich in einen anderen fließen lassen. Ähnliches gilt für die Waren, die in ihrer Geldform, das heißt losgelöst von ihrer physischen Beschaffenheit, als Abstraktion im Wirtschaftsprozess gehandelt werden. Diese Platzhalterfunktion des Geldes gründet in dem Glauben, jederzeit mit ihm Arbeitsleistungen und Waren einfordern zu können, und nur die konkrete Möglichkeit hierzu gibt dem Geld seinen realen Wert.

Auf dieser Basis verbindet sich mit der Lizenz zum Gelddrucken die Macht, Arbeit und Warenproduktion zu erzwingen, und mit dem Geldbesitz selbst verbindet sich der Zugang zu lebens- und überlebenswichtigen Gütern. Der für jedes Lebewesen auf dieser Welt zwingende Kampf um Ressourcen, die materielle Grundlage zu seiner Vermehrung, gerinnt beim modernen Menschen zu einem Kampf ums Geld. Alles Verlangen dieser Welt bündelt sich in der abstrakten Vorstellung von Reichtum durch den Besitz von Geld. Im Geld liegt fortan das Maß aller Dinge. Macht reduziert sich auf den Besitz von Geld. Der Gebrauchswert einer Ware wird durch deren Handelswert ersetzt. Der Wert eines Kunstwerkes entspricht seinem Kaufpreis. Geldwachstum, das Anhäufen von abstraktem Reichtum, ist höchster Sinn und Zweck eines Lebens im Kapitalismus, ihm ordnet sich alles unter. In diesem Wachstumszwang, in dieser Gier nach immer mehr Geld, treffen sich Kapitalismus und genetische Disposition in gegenseitiger Erfüllung des einen Ziels, nämlich Wachstum um jeden Preis zu generieren.

Das Zusammenfließen des Strebens jedes einzelnen Menschen nach Geld mit seiner genetischen Disposition, alles zu tun, was lebensfördernd ist, macht äußeren Zwang überflüssig. Die Menschen disziplinieren sich selbst, sie beuten sich selbst aus. Die Mehrwertproduktion als Verlangen nach immer mehr Geld wird zum Grundbedürfnis des modernen Menschen. Weil der Mensch sich frei fühlt, wenn er tun kann, was er will, handelt er in völliger Freiheit, wenn er sich selbst zur Höchstleistung drängt. Die Lebenspraxis unterstützt dieses Streben, weil ein Überleben ohne Geld zunehmend unmöglich wird.

Mehrwertproduktion in Form von ständigem Geldwachstum entspringt der Warenproduktion: Unverzichtbar zur Erzeugung einer Ware ist menschliche Arbeit, in welcher Form auch immer. Sie ist in aller Regel an den Einsatz von Hilfsmitteln und Rohstoffen geknüpft, an den Einsatz von „fixem" Kapital, wie Marx es nannte.[99] Mit dem Know-how und der Geschicklichkeit arbeitender Menschen entstehen Waren, die sich verkaufen und damit wieder zu Geld machen lassen. Ist der erzielte Preis größer als die vorgeschossenen „fixen" Kosten plus dem für die menschliche Arbeitskraft aufgewandten sogenannten „variablen" Kapital, ist ein Mehr an Geld entstanden, der Mehrwert, der dem Ausgangskapital zugeschlagen wird, um in einem weiteren Durchgang wieder mehr Wert und mehr Geld zu erschaffen. In einem immerwährenden Zyklus häufen sich Ware auf Ware und Geld auf Geld.

Die Aufgabe, immer mehr Wert und Geld zu generieren, erfüllt der einzelne Unternehmer nur, wenn er billiger produziert als sein Konkurrent. Dazu muss er die Kosten senken und die Produktivität erhöhen. Er wird deshalb seine Arbeiter zur Höchstleistung drängen und ihnen gleichzeitig immer bessere, immer leistungsfähigere Hilfsmittel an die Hand geben.

---

[99]   Die Beschreibung der Mehrwertproduktion erfolgt in loser Anlehnung an Marx und ihre kritische Aktualisierung durch Robert Kurz in dessen Veröffentlichungen von 2008 und 2012.

Die Steigerung der physischen und psychischen Leistungsfähigkeit eines Menschen hat seine ganz natürlichen Grenzen. Die Verbesserung der Hilfsmittel dagegen scheint uns unbegrenzt möglich, wenn die Gesellschaft nur genügend Geld in ihre Entwicklung investiert. Die Hilfsmittel werden deshalb immer teurer und für den einzelnen Unternehmer steigen die „fixen" Kosten unaufhaltsam an. Soll das Unternehmen profitabel bleiben, muss er versuchen höhere Preise auf dem Markt durchzusetzen und/oder seine teuren Maschinen besser auszulasten; das bedeutet wiederum, dass er die Stückzahlen erhöhen und neue Märkte erobern muss. Gelingt ihm dies nicht, kann er nur noch die „variablen" Kosten, die Personalkosten, senken, um konkurrenzfähig zu bleiben.

Damit schließt sich ein Kreis. Und in der nächsten Runde muss der Unternehmer seine Arbeiter zu noch mehr Leistung drängen oder sie entlassen und den verbleibenden noch wirkungsvollere Hilfsmittel an die Hand geben, die noch teurer sind und sich nur rentieren, wenn die Stückzahl durch einen noch größeren Absatzmarkt erhöht werden kann.

Im Ergebnis wird die ganze Welt von immer mehr Gütern überschwemmt, die im Verhältnis zur Gesamtmenge von immer weniger Menschen erzeugt werden, weil diese immer qualifiziertere Produktionsmittel verwenden und der Informationsstand im Produktionsprozess allgemein ständig ansteigt.

Dieses im Kampf um Geld gegründete System treibt alle Beteiligten zur Höchstleistung und erzeugt Waren im Überfluss. Denjenigen, die diesen Kampf erfolgreich anführen, erscheint er als Quelle ewigen Reichtums.

Mit Ian Morris müssen wir jedoch feststellen: „Gesellschaftliche Entwicklung bringt genau jene Kräfte hervor, die ihr weiteres Wachstum behindern."[100] Er bezeichnet das Phänomen als „Entwicklungsparadox". Marx spricht von einer „Schranke der

---

[100]   Morris 2011, S. 36.

kapitalistischen Produktionsweise"[101], die dem Geldwachstum eine natürliche Grenze setzt und damit zugleich dem ganzen kapitalistischen System. Der springende Punkt ist, dass das kapitalistische System gezwungen ist, seinen inneren Antrieb, den arbeitenden Menschen, fortschreitend aus dem System zu entlassen, um rentabel zu bleiben.

Der arbeitende Mensch ist die Grundlage unserer materiellen Existenz. Mit der Bearbeitung der Natur fängt alles an. Die zentrale Funktion übernehmen dabei die Hände. Produktive Arbeit resultiert aus dem gelungenen Zusammenspiel von Kopf und Hand. Mit unseren Händen erwerben wir seit Urzeiten die Informationen, die im Kopf gespeichert und verarbeitet Neues wachsen lassen. In den Händen arbeitender Menschen liegt der Fortschritt eines Volkes, ohne sie gibt es kein Wachstum. Der alles entscheidende Informationsfluss verläuft von der Hand in den Kopf und, auf die Gesellschaft übertragen, von den vielen Händen eines Volkes an eine oder mehrere zentrale Stellen der Informationsverarbeitung. Wo das Wissen zusammenläuft, da sammelt sich auch die Macht. Ist der Informationsfluss zwischen dem Volk und seiner Machtzentrale gestört, entleert sich die Macht und das Herrschaftssystem verfällt. Mit der Abkoppelung des europäischen Adels vom Volk ist genau dies geschehen. Das Bürgertum, hervorgegangen aus Handarbeitern, hat sukzessive die alten Mächte verdrängt und konnte selbst die Macht übernehmen, weil es das Know-how der Zukunft für die Versorgung einer wachsenden Bevölkerung besaß.

Im Informationsverlust äußert sich die Dialektik von Herr und Knecht. Wer andere für sich arbeiten lässt, wer sich selbst aus dem Arbeitsprozess entlässt, verliert über kurz oder lang den Anschluss an die Herausforderungen einer neuen Zeit. Andererseits verlangt eine kreative Leitungsfunktion eine gewisse Distanz zum täglichen Routinebetrieb. Kopf und Hand, Herr und Knecht, beide sind aufeinander angewiesen. Sosehr das der Fall

---

[101]   Zitiert nach Kurz 2008, S. 311 f.

ist, so sehr treibt ihr Egoismus sie auseinander. Vor allem der Herr glaubt, sich mit seinem Wissen vom arbeitenden Volk verabsolutieren zu können. Dass das auf Dauer nicht gut geht, liegt daran, dass er sich selbst von genau den Informationen abschneidet, die seine materielle Existenz und die des ganzen Volkes sichern.

Wenn Information Wachstum bedeutet, dann bewirkt Informationsverlust das genaue Gegenteil. Wenn der Konkurrenzdruck den Unternehmer zwingt, Menschen zu entlassen und durch Maschinen zu ersetzen, bremst das unweigerlich den Wachstumsprozess – die Mehrwertproduktion und der Profit gehen gegen null. Diese „Schranke der kapitalistischen Produktionsweise" ist unumgänglich.

Nur ein bewusst denkender Mensch kann eine Wertsteigerung bewirken. Eine Maschine oder auch ein Arbeitstier arbeitet „kopflos" als verlängerter Arm eines Menschen, dessen Bedeutung darin liegt, dass er aus eigenem Antrieb stets darauf bedacht ist, mehr und mehr Informationen aufzunehmen und zu verarbeiten. Diese Neugierde, dieser innere Drang, immer Neues zu entdecken und nutzbar zu machen, ist die geheimnisvolle Kraft, die Wachstum und Leben und im Kapitalismus immer mehr Geld hervorbringt.

Für den Produktionsprozess bedeutet das, dass der Mehrwert sich aus dem Know-how eines Menschen speist und der wahre Wert einer Ware sich nach dem Wert und der Fülle der Informationen bemisst, die sie darstellt. Der kleine Informationsvorsprung vor der Konkurrenz erzeugt auf Dauer Wachstum und Profit über die bloße Reproduktion hinaus. Zwischen Faustkeil und Mondrakete liegen ein beträchtlicher Informationszuwachs und ein entsprechend großes Anwachsen der Warenproduktion und mit ihm der Weltbevölkerung.

Ein guter Unternehmer besitzt das Wissen, um sich die Information anderer anzueignen. Er weiß auch, welche Information für ihn wertvoll ist und welche nicht. Sobald eine anspruchsvolle

Tätigkeit in seinem Unternehmen zur Routine geworden ist, wird der Träger dieser Information für ihn wertlos, wenn er ihn durch eine billigere Maschine ersetzen kann. Gleichzeitig wird er nach Menschen suchen, deren Wissen und Können für sein Unternehmen von zukünftiger Bedeutung sein können. Jeder Unternehmer muss ständig diese Kalkulation durchführen, um gegenüber der Konkurrenz zu bestehen, die das Gleiche tut.

Nach demselben Prinzip frisst sich der Kapitalismus um die ganze Welt, immer auf der Suche nach wertvollen Informationen, um dann wertlose Informationen und damit verbrannte Erde, gerodete Urwälder und menschliches Elend hinter sich zu lassen. Verelendung heißt, die Menschen haben zu viel, um zu sterben, aber zu wenig, um in Würde zu leben. Die Lebensqualität nimmt in vielen, auch sonst wohlhabenden Ländern stetig ab. Es entwickelt sich ein revolutionäres Potenzial. Die Verlierer des Systems streben nach Neuem, nach einem Durchbruch in eine vermeintlich bessere Zukunft. Hieraus entwickelt sich die Idee des sogenannten Proletariats als Gestalter der Geschichte. Wahrscheinlicher ist allerdings, dass die Menschen sich in Altgewohntes zurücksehnen, in eine Zeit, in der es noch Arbeitsplätze gab und man den Traum von einer sicheren Zukunft träumen konnte, die es nicht gibt und niemals geben wird.

Menschliche Arbeit wird nur so lange gebraucht, wie sie billiger ist als die Maschine. Jeder Versuch, die Lohnkosten zu steigern, den Lebensstandard der arbeitenden Bevölkerung zu verbessern, wird von der nächsten Innovation zunichte gemacht. „Wenn in den fortschrittlichen Volkswirtschaften 47 Prozent aller Arbeitsplätze der Automatisierung zum Opfer fallen werden, wie die Studie der Oxford Martin School nahelegt, dann wird das Prekariat im neoliberalen System erheblich wachsen."[102]

Das Bestreben der Menschen, ihre Arbeit durch den Einsatz von Maschinen zu erleichtern, wendet sich also letztendlich gegen sie selbst, stellt sogar ihre Existenz infrage. Auch dem Unternehmer

---

[102]   Mason 2016, S. 362.

nutzen langfristig keine Innovationen, die Arbeitsplätze vernichten. Will er seinen Profit erhöhen, der nur durch menschliche Arbeit entsteht, muss er vielmehr nach immer billigeren Arbeitskräften suchen. Dieser Zwang treibt ihn in die ganze Welt hinaus und macht aus nationalen internationale Konzerne. Er sorgt so für die Ausbreitung seines Wissens und des Wissens seines Volkes. Er trägt sein wahres Kapital, sein Know-how, geschöpft aus der Arbeit seines Heimatvolkes, hinaus in die ganze Welt. Globalisierung bedeutet eine weltweite Informationsflut, die zusammen mit reichlich vorhandener fossiler Energie das Wachstum der Erdbevölkerung ohnegleichen beschleunigt.

Ungeachtet dieser Zusammenhänge sind alle bemüht, ihren Informationsstand ständig zu verbessern. Sie tun das in gegenseitiger Konkurrenz, um eines momentanen Geldvorteils wegen. Unbewusst kämpfen sie gegen sich selbst, denn mit jedem Informationszuwachs werden die Maschinen immer besser, drängen immer mehr Menschen aus dem Arbeitsprozess und drücken die Profitrate nach unten. Nur die Produktivität, mit der immer mehr Menschen ernährt werden können, steigt. Hier zeigt sich die List der Natur und mit ihr die Naturwüchsigkeit des Kapitalismus, der uns in eine Wohlstandsfalle treibt: Jeder Versuch, kurzfristig die Lebensqualität durch Geldwachstum zu verbessern, führt langfristig zu wachsender Lebensquantität, zu einem Anstieg der Weltbevölkerung.

Ein zweiter Aspekt führt zu demselben Ergebnis: Den aus dem Arbeitsprozess gedrängten Menschen fehlt das Geld, die im Überfluss produzierten Waren zu kaufen. Mangelnde Kaufkraft drückt auf die Preise und auf den Gewinn. Wenn die Umwandlung der Waren in Geld, die letzte entscheidende Stufe des Akkumulationsprozesses, nicht mehr gelingt, ist alles verloren.

Laufende Produktion verlangt laufend Menschen als Verbraucher, die die erzeugten Waren kaufen können. Die aus der Produktion freigesetzten Menschen können als Dienstleister arbeiten, dort ihren Lebensunterhalt verdienen und weiterhin als Verbraucher den Geldkreislauf in Gang halten. Das Geld dazu muss allerdings vorher in der Produktion verdient werden. Durch Dienstleistungen und durch gegenseitige Hilfeleistung entsteht kein Mehrwert, genauso wenig wie durch den Einsatz von Hilfsmitteln, sprich Maschinen. Die reale Grundlage von Geldwachstum und Profit sind einzig die Herstellung und der Verkauf von Waren, die der arbeitende Mensch der umgebenden Natur abtrotzt.

Im Streben nach Geldbesitz, nach einem besseren Leben beutet der Mensch sowohl die umgebende Natur als auch sich selbst rücksichtslos aus. Unbewusst schafft er so die Lebensbedingungen für immer mehr Menschen auf dieser Welt. Dass er dabei langfristig die Grundlagen seiner eigenen Existenz gefährdet, weiß er zwar, verdrängt dieses Wissen aber mit erstaunlichem Geschick. Es ist deshalb kaum handlungsrelevant.

Weil nur Warenproduktion Mehrwert generiert, ist es das vorrangige Ziel jeder Regierung, die Produktionsstätten im eigenen Land zu erhalten. Im Kapitalismus bedeutet das, sie muss dafür sorgen, dass die Produktionsbetriebe Gewinne abwerfen. Fördert sie dazu Wissenschaft und Forschung im Lande, ist das Ergebnis nach oben beschriebenem Mechanismus Überproduktion bei fallender Profitrate. Das Morris'sche Entwicklungsparadox taucht immer wieder auf.

Aus dieser Klemme halfen in der Vergangenheit Kriege, die den Überfluss an Menschen und Waren brutal vernichteten. Der darauffolgende Mangel und der dadurch neu entfachte Arbeitswille der Menschen, also die entsprechend gestiegene Nachfrage und Güterproduktion, erzeugen neues Geldwachstum. Nach einer Phase zunehmenden Wohlstands, als Wirtschaftswunder empfunden, taucht jedoch das alte Problem wieder auf: Für den Überfluss an Gütern gibt es zunehmend weniger zahlungskräftige Abnehmer, weil die Arbeitsplätze mit der technologischen Entwicklung eines Landes weniger werden.

Den auf der Suche nach billigen Arbeitskräften in der sogenannten Dritten Welt massenhaft entstandenen Arbeitsplätzen droht das gleiche Schicksal. Viele Völker, die man eigentlich nur ausbeuten wollte, haben das Know-how der führenden Industrienationen übernommen und ihren Informationsstand dermaßen erweitert, dass auch hier das Entwicklungsparadox dafür sorgt, dass die menschliche Arbeit im Verhältnis zu einer insgesamt steigenden Weltbevölkerung abnimmt und die Profitrate nunmehr weltweit fällt.

Eine wichtige Folge der Globalisierung ist zudem, dass die hochentwickelten Länder langsam, aber unausweichlich ihren Informationsvorsprung, Grundlage ihres Reichtums und ihrer Macht, einbüßen, da sie ihre fremdländischen Arbeitskräfte im Umgang mit Hochtechnologie schulen müssen, um dort Geld zu verdienen. Sie tauschen damit Wissen gegen Geld, obwohl dessen Wert stetig schwindet, weil die produktive Arbeit schwindet. So entsteht eine neue Wettbewerbssituation, aus der das Know-how für eine immer effizientere, das heißt Arbeit schonende Güterproduktion und Naturausbeutung erwächst.

Den Völkern, die sich wissenschaftlich-technisch nicht entwickeln, denen, aus welchen Gründen auch immer, das Potenzial fehlt, um den Prozess der Informationsverbreitung mitzuvollziehen, droht der wirtschaftliche und gesellschaftliche Ruin. Sie drängen in die Länder der Reichen, wo man sie als billige Arbeitskräfte willkommen heißt, aber auch nur so lange, wie es dort noch ausreichend Arbeitsplätze gibt. Jeder Arbeitsplatz, der den hochentwickelten Ländern verloren geht, fördert deren gesellschaftlichen Verfall. Das innovativste und fortschrittlichste Land ist deshalb das am höchsten gefährdete. Der Kapitalismus frisst am Ende seine eigenen Kinder.

Mit dem Kredit hat es den Anschein, als gelänge es mit seiner Hilfe, die Schranke der kapitalistischen Produktionsweise zu überspringen und das Morris'sche Entwicklungsparadox auszuhebeln. Mit dem Kreditwesen öffnet sich den Akteuren ein geistiger, ein quasi religiöser Raum, in dem der Glaube an die Macht des Geldes und die wunderbaren Kräfte des Marktes das Wissen um die fundamentalen Zusammenhänge des Wirtschaftens verdrängt. „Die Form, in der die Überproduktion sich versteckt, ist immer mehr oder weniger die Ausdehnung des Kredits (…).“[103] Überproduktion bedeutet, dass mehr Waren hergestellt werden als benötigt. Der Kredit eröffnet die Möglichkeit, angebotenen Überfluss bereits zu genießen, bevor sein Konsument die entsprechende Arbeitsleistung erbracht und ein Unternehmer dazu den Arbeitsplatz eingerichtet hat. Er ist der Einstieg in eine Wohlstandsfalle, die daraus resultiert, dass jeder anfängliche Luxus sich schnell als Notwendigkeit entpuppt, die einen zwingt, künftig mehr zu arbeiten. Der Kredit erscheint schließlich als Basis einer ins Unendliche gerichteten Ausweitung der Bedürfnisse und der zur Bedürfnisbefriedigung notwendigen Arbeit.

Geld erzwingt Arbeit, viel Geld erzwingt viel Arbeit und mit ihr ewiges Wachstum und einen ewigen Zinsfluss, der ewigen Wohlstand verspricht. Der in der Realwirtschaft ausbleibende Profit vermehrt sich in der Finanzwirtschaft auf geradezu wundersame Weise. Zinsen und Zinseszinsen schaffen Geldwachstum und damit Liquidität zur endlosen Steigerung der Warenproduktion. Wir schicken das Geld einfach auf eine Reise in die Zukunft, in der es sich mit Geisterhand vermehrt, und sagen, „es arbeitet“. „Er (der Wert; Vf.) wirft lebendige Junge oder legt wenigstens goldne Eier.“[104] Mit dem Kredit scheint das Perpetuum mobile ewigen Wachstums gefunden. Dass wir nicht misstrauisch werden, liegt daran, dass wir es gewohnt sind zu glauben. Wir besitzen die Fähigkeit, eine Fiktion der Realität gleichzusetzen. Wir können uns selbst betrügen, wenn wir momentan einen materiellen Vorteil dabei wittern. Glaubenszweifel verdrängen wir mit einer

Theodizee oder hier passender mit einer Oikodizee, der „Vorstel-

---

¹⁰³ Bebel/Bernstein 1921, S. 216.
¹⁰⁴ Marx 1867, S. 169.

lung von der zweckmäßigen Einrichtung der ökonomischen bzw. kapitalistischen Welt".[105] Wenn Ökonomen die wunderbare Geldvermehrung in ein Konzept harmonischen Marktgeschehens knüpfen, ist das ein Teil dieser Oikodizee.

Geld besitzt einen realen Wert nur für den Moment des Tausches gegen eine Ware oder eine Dienstleistung, gegen Arbeit im weitesten Sinne. Darüber hinaus existiert der Geldwert nur in unserer Vorstellung, in unserem Glauben an einen solchen.

Wenn Geld mit Arbeit gleichzusetzen ist, dann ist die Annahme eines Kredits ein Versprechen auf künftige Arbeitsleistung. Ein Gläubiger hegt die Hoffnung, durch momentanen Verzicht oder verstärkten Arbeitseinsatz seine Zukunft dadurch zu sichern, dass er ein Anrecht auf künftige Arbeitsleistung erwirbt. Wenn jedoch weltweit die Arbeit durch den Einsatz immer besserer Hilfsmittel schwindet, schwindet für Schuldner die Möglichkeit, ihr Versprechen einzuhalten und Kredit nebst Zinsen durch spätere Arbeitsleistung abzugelten. Allein die Zinsen lassen sich häufig nicht mehr bedienen. Dieses Problem löst man durch Umschuldung; man kreditiert einfach die Zinszahlung, man verlängert den Anspruch auf Arbeit notfalls bis ins Unendliche. Der Anspruch auf Geld, das heißt Arbeit, bleibt erhalten, seine Realisierung wird jedoch zur Unmöglichkeit, zur Utopie. Ohne den Glauben an eine irgendwie geartete Realisierung dieser Utopie und ohne eine entsprechende Oikodizee wäre das ganze System längst zusammengebrochen. Finanzkrisen sind ihrem Wesen nach immer Glaubenskrisen.

Die Finanzkrise Griechenlands zeigt das deutlich. Es fehlen einfach die Arbeitsplätze, mit denen die mit reichlich Darlehen ausgestatteten Griechen in der Lage wären, sich von ihren Schulden zu befreien oder nur die Zinsen zu bezahlen. Für die Gläubiger, meist Banken, ist das Geld endgültig verloren. In ihren Bilanzen taucht es als reine Fiktion aber noch auf, weil sie sonst zusammenbrechen würden und in der Folge viele weitere. Jeder ver-

---

[105]   Vogl 2010, S. 61.

nünftige Mensch weiß das, man spricht auch darüber und doch handeln alle so, als wüssten sie es nicht. Was uns nicht gefällt, was uns Angst macht, wird einfach verdrängt oder in Mythen gehüllt, zum Beispiel den Mythos von der Faulheit der griechischen Bevölkerung; oder den Mythos einer ominösen Reform, die wir nur durchführen müssen, um uns von allen Sorgen zu befreien. Unterstützt wird dieser Selbstbetrug von den Medien und einer Öffentlichkeit, für die nicht sein kann, was nicht sein darf. Jede Information wird propagandistisch, im Sinne einer heilen kapitalistischen Welt, umgebogen.

In der Realwirtschaft und auf den Finanzmärkten kursiert immer mehr fiktives Kapital, das darauf wartet, in der nächsten Finanzkrise mit einem Schlag im Nichts zu verschwinden, dahin, wo es hergekommen ist. „Verfügbares Kapital ist nicht mehr von reinem Spuk unterscheidbar."[106]

Durch das Ausbleiben der Forderungen an die armen Länder geraten auch die reichen mehr und mehr unter Druck. Die Antwort auf diese Kreditkrise ist eine Ausweitung des Kreditwesens. Man versucht den Teufel mit dem Beelzebub auszutreiben. Notenbanken schöpfen frisches Geld aus dem Nichts, Geld ohne Wert, sogenanntes Fiatgeld, reichen es weiter an die Geschäftsbanken und diese quasi an jedermann, vor allem aber an Staaten, die damit ihren verschuldeten Haushalt stützen oder Arbeit schaffende Investitionen finanzieren, um die Nachfrage zu steigern. Nach bewährtem Muster der Vergangenheit versucht man Menschen und ganze Staaten in eine Schuld zu verstricken, um alle zur Arbeit zu zwingen. Kredite an Produzenten und Konsumenten halten die Warenproduktion und den Konsum weltweit in Gang und fördern so das Bevölkerungswachstum. Steigt gleichzeitig dazu die Innovationsfähigkeit und damit der allgemeine Informationsstandard der Industrie, wird immer weniger menschliche Arbeit gebraucht, um immer mehr Menschen zu ernähren. Ein Weniger an Arbeitsplätzen bedeutet, dass weniger

---

[106]   Vogl 2010, S. 171.

Kredite bedient werden können. Es häufen sich immer mehr
Schulden in den Privat- und Staatshaushalten an. Auf der anderen Seite wächst die Zahl der faulen Kredite bei den Banken,
sodass die Banken vom Staat, also von der Allgemeinheit, geret-
tet werden müssen, während die einmal als Altersvorsorge gedachten Bankeinlagen ständig an Wert verlieren. Die Gefahr einer Finanzkrise ist größer als zuvor und auch administrative
Maßnahmen können daran nichts ändern. Der Zinssatz sinkt auf
nahezu null, bei den Banken und in der Realwirtschaft fällt der
Profit, Deflation macht sich breit und das Wachstum stoppt.

Was den Kapitalismus an ein natürliches Ende führt, besteht
nach Robert Kurz darin, „dass das Kapital gesetzmäßig in einen
Zustand übergeht, in dem es sein eigenes Gesetz der Anhäufung
von ‚abstraktem Reichtum' nicht mehr erfüllen kann".[107] Der
verschuldeten arbeitenden Bevölkerung fehlen zunehmend die
Arbeitsplätze, dem Kapital fehlen zunehmend die lukrativen
Anlageobjekte zur weiteren Geldvermehrung. Die Schranke der
kapitalistischen Produktionsweise schließt sich endgültig, aber
das Leben geht weiter.

Die rasante Produktivkraftentwicklung, der wir alle Segnungen
des Kapitalismus verdanken, ist am Ende verantwortlich für dessen Niedergang. Wollen wir folglich der krisenhaften Entwicklung der Weltökonomie von Grund auf entgegenwirken, müssten
wir jeden weiteren technologischen Fortschritt stoppen. Dieser
Logik steht ein starkes natürliches Empfinden entgegen. Unser
Gehirn suggeriert uns, und dafür gibt es gute Gründe, eine Folge
gleicher Erscheinungen als gleichbleibend auch in der Zukunft.
Das führt zu einer konservativen Borniertheit in unserem Denken. Es fällt uns schwer einzusehen, dass etwas, das in der Vergangenheit immer richtig war, plötzlich falsch sein soll, vor allem
dann, wenn ein Ereignis wie beispielsweise eine technische Innovation vordergründig mit Erfolg, das heißt mit positiven Emotionen, behaftet ist.

---

[107]   Kurz 2008, S. 312.

Entscheidend für unsere Zukunft wird es sein, ob wir dem Geld einen neuen Platz in unserem Leben zuweisen können, das heißt ob wir es schaffen, uns von einem dem System dienlichen Selbstbetrug zu befreien, der Verwechslung einer in uns schlummernden Sehnsucht nach einem einfachen und beschaulichen Leben mit einem unersättlichen Verlangen nach Geldbesitz. Die Gier nach Geld rührt weniger aus dem Verlangen nach einem uns von der Werbung aufgedrängten Leben in Luxus, sondern aus dem natürlichen Bedürfnis heraus, unsere Zukunft dem Zufall zu entreißen. Dazu bemühen wir uns ständig, den Anspruch auf die Arbeit anderer, auf die wir zwingend angewiesen sind, über den Moment hinaus zu sichern, möglichst für die eigene Nachkommenschaft gleich mit. Geldbesitz als solcher ist als Zukunftssicherung aber nur so lange geeignet, als mit ihm gesellschaftliche Arbeit erzwungen werden kann, das heißt solange das System reibungslos funktioniert. Funktionieren bedeutet im Kapitalismus unablässig zu wachsen, schwindet das Wachstum, schwindet jede Zukunftssicherung. „Die Welt“ titelte am 2. Mai 2016: „Endgültige Bankrotterklärung der Lebensversicherung“[108]. Sie hätte genauso gut das Ende des Kapitalismus ankündigen können.

Das Sozialsystem bröckelt auseinander. Der schleichende Verfall der Alterssicherung, Herzstück des Sozialsystems, erschüttert zunehmend den Glauben an die Macht des Geldes und eine gefährliche Unsicherheit breitet sich aus in der Bevölkerung. Die Rettung in einer möglichst großen Zahl gut ausgebildeter Nachkommen zu suchen, ist im Grund alternativlos, hat aber im Kapitalismus nur dann Sinn, wenn sie auch alle einen Arbeitsplatz finden. Ansonsten entsteht durch Jugendarbeitslosigkeit ein noch größeres Problem. Das Entwicklungsparadox ist nicht zu umgehen: Je mehr Geld wir in eine vermeintliche, durch ständigen technologischen Fortschritt gesicherte Zukunft investieren, umso unsicherer wird diese. „Doch es ist nun einmal so, daß alles, was

---

[108]   Kunz 2016.

lebt, an dem stirbt, was ihm zum Leben verholfen hat."[109] Geld, das Lebenselixier des Kapitalismus, bereitet, als nicht aufzuhaltende Geldschwemme aus den Notenbanken, als Fiatgeld, den Weg zu dessen Ende. Bäume wachsen nicht in den Himmel.

Wenn wir die Entwicklung positiv betrachten und uns auf ein bequemeres Leben freuen, in dem die Arbeit zweitrangig ist, wird uns die absurde Realität unserer gegenwärtigen Geldwirtschaft erst recht bewusst: Fabriken werden heute nur gebaut, um mit ihnen immer mehr wertloses Geld zu generieren. Gelingt das nicht, werden sie völlig wertlos, ganz unabhängig davon, welchen Wert die in ihnen produzierten Waren für die Menschheit besitzen. Der Selbstverwertungsprozess des Kapitals' folgt seinen eigenen Gesetzen, völlig unabhängig von unseren materiellen und sozialen Bedürfnissen, von unserem Sinnen und Trachten. Ein Land, in dem das Sozialsystem wichtiger ist als die Gewinne der Unternehmen, ist verloren. Das ganze System ist nur auf Geldvermehrung durch Ausbeutung menschlicher Arbeitskraft angelegt, das Wohlergehen der Menschen selbst darf aufgrund der allgemeinen Kampfsituation zwischen den Akteuren keine Rolle spielen. Dies ähnelt sehr einem traditionellen Schlachtfeld. Wir erleben, wie in Teilen der Welt das natürliche Bedürfnis nach Nahrung in einen Konsumrausch entartet, während ein anderer, wachsender Teil in immer notdürftigeren Verhältnissen leben muss. Es werden Milliarden für Werbung ausgegeben, um im Zusammenspiel mit Big Data – also zum Beispiel der gewaltigen Datensammlung von Google – jede bei den Wohlhabenden aufkommende Sättigungsgrenze sofort wieder einzureißen. Der Überfluss der Reichen soll den Wachstumsmotor in Gang halten. Ein zunehmender Verbrauch, ein immer kürzeres Verfallsdatum von Gütern soll immer mehr Menschen in den Arbeitsprozess ziehen und immer mehr Arbeitsplätze schaffen, um noch mehr Güter zu produzieren, die mit ausgeklügelten Werbestrategien unters Volk gebracht werden müssen, oder wenn das nicht ge-

---

[109]   Benoist 2012, S. 33.

lingt, einfach vernichtet werden – ein geradezu aberwitziges Unternehmen, in dessen Folge wir einen gigantischen Müllberg erzeugen, der uns schließlich alle zu ersticken droht.

Der Müllberg wächst mit dem Warenberg und dieser in Abhängigkeit von einem wachsenden Geldberg. Während Geld anfänglich dazu diente, Arbeit zu erzwingen, um bestehende materielle Not zu mildern, wird es heute als Instrument genutzt, um Nachfrage zu schaffen und Überfluss zu produzieren – grenzenlosen Überfluss und grenzenloses Wachstum aus einem grenzenlosen Vorrat an Geld. Im herrschenden Kasinokapitalismus, genauer durch den sogenannten Derivatehandel, hat das Geld in den Händen von Zauberlehrlingen einen Weg gefunden, ständig zu wachsen, unabhängig vom Wachstum der Realwirtschaft. Das Zauberhafte liegt in der Fähigkeit der Menschen, übergangslos von einer realen in eine fiktive Welt zu wechseln. Wo sich der reale Wert des Geldes nicht steigern lässt, arbeitet man einfach mit fiktiven Werten weiter. Der Kapitalismus lebt von der Unfähigkeit der Menschen, jederzeit exakt zwischen Wirklichkeit und Fiktion zu unterscheiden.

Jeder große kapitalistische Sprung nach vorne ist mit einem Bauboom verbunden. Wesentliches Merkmal dessen ist eine geheimnisvolle Wertsteigerung von Immobilien, ohne dass sich äußerlich an ihnen irgendetwas ändert. Der Immobilienbesitzer wird scheinbar immer reicher, während ein auf die Immobilie angewiesener Nutzer immer höhere Mietzahlungen aufzubringen hat und real immer ärmer wird.

Diese Spannung zwischen wachsendem fiktivem Geldreichtum auf der einen und wachsender realer Armut auf der anderen Seite bildet die treibende Kraft des Kapitalismus. Beide Seiten unternehmen größte Anstrengungen, die einen, um ihren Vorteil immer weiter auszubauen, die anderen aus existenzieller Not, denn eine Behausung ist für alle unverzichtbar, ob als Wohnung oder als Geschäftsraum. Fiktiver Reichtum erzeugt reale Armut. Je weiter sich dieser Bogen spannt, umso schneller wächst die

Warenproduktion. Dieses Prinzip ist konstitutiv für den Kapitalismus und lässt sich deshalb durch nichts aufheben, es sei denn, der Kapitalismus schafft sich selbst ab.

Das geschieht stufenweise, von Krise zu Krise, zunächst örtlich begrenzt, zuletzt weltweit. Um im Bilde zu bleiben, bedeutet eine Krise jeweils das Reißen des Bogens. Das fiktive Kapital kann unendlich wachsen, die reale Armut nicht. Armut entsteht im Kapitalismus durch den Mangel an Arbeitsplätzen. Weltweite Arbeitslosigkeit treibt die Weltbevölkerung ins Elend, von dem auch die „Reichen" nicht verschont bleiben, denn ihr ganzer fiktiver Geldreichtum löst sich in der Stunde null mit einem Schlag in nichts auf.

Die Versorgung der Menschheit auch ohne das Medium Geld ist grundsätzlich möglich, wir besitzen das notwendige Know-how und ausreichend Energie, um alle zu ernähren. Allerdings bricht mit dem Wegfall des Strebens nach Geldbesitz die gesamte soziale Infrastruktur zusammen und wir stehen vor einem gigantischen Verteilungsproblem. Wer bekommt was und wie viel vom gemeinsam erarbeiteten Warenberg? Das war immer eine Machtfrage und entschieden wurde sie immer durch offenen Kampf oder verdeckte List. Angesichts des vorhandenen Atomwaffenarsenals bedeutet ein globaler Machtkampf das Ende unserer Zivilisation und muss unbedingt verhindert werden.

Es bleibt uns keine andere Wahl, als dieses Problem auf friedlichem Wege zu lösen. Wir haben die Aufgabe, die Produktions- und Machtverhältnisse neu zu ordnen, mit oder ohne Geld als Hilfsmittel. Die Alternative heißt Chaos und einiges deutet darauf hin, dass es bereits begonnen hat, sich auf der Welt auszubreiten.

Der Kapitalismus dient nicht uns, den Überlebensmaschinen und ihrem Glück, sondern unseren Genen und auch hier nicht der DNA, sondern allein der in ihr gespeicherten Information. Die Information, der Wille der Natur, ist es, der alles durchdringt und sich immer aufs Neue verdinglicht, um sich ins Unendliche auszubreiten. Wir sind nur eine zufällige Episode in diesem universellen Prozess.

RESÜMEE

Jeder Prozess erzeugt fortschreitend die Bedingungen, die ihn zur Umkehr zwingen. Hin- und Rückbewegung schwingen dann in ein dynamisches Gleichgewicht, das so lange stabil ist, bis es durch einen von außen eindringenden Impuls gestört wird. Jede Aktion führt zu einer Reaktion im Streben nach Stabilität und Ruhe.

So führt jeder Lebensprozess unweigerlich in ein natürliches Gleichgewicht zwischen Wachstum und Nahrungsangebot. Eine begrenzte Weidefläche kann nur eine begrenzte Zahl Schafe ernähren und eine begrenzte Zahl Schafe nur eine begrenzte Zahl Menschen. Wenn sich die ausgewogenen Zahlenverhältnisse und die äußeren Bedingungen nicht ändern, kann eine solche Konstellation ewigen Bestand haben.

Die Kulturleistung des Menschen besteht darin, dass es ihm gelungen ist, von der Natur angestrebte Gleichgewichte immer wieder zugunsten fortschreitenden Wachstums aufzubrechen. Möglich wurde das durch die Entdeckung immer neuer Energiequellen und die wachsende Fähigkeit des Menschen, diese auszubeuten.

Der größte Wachstumsschub erfolgte in Zusammenhang mit der Nutzbarmachung fossiler Energien und entsprechend heftig ist die Gegenreaktion der Natur. Das offene Verbrennen von in Millionen von Jahren angesammelten Energievorräten, der letzte Sündenfall in der Menschheitsgeschichte, führt zu einem Anstieg des CO_2-Gehaltes in der Luft und in dessen Folge zur lebensfeindlichen Erderwärmung. Die sogenannten Klimagase wirken als Hindernis, das die Ableitung der auf der Erde erzeugten Entropie ins Weltall zunehmend verhindert. Entropie können wir uns hier bildlich als wertlose, verbrauchte Sonnenenergie vorstellen, die, wenn sie nicht im All verschwinden kann, die Erdatmosphäre aufheizt. Wir haben also nicht nur ein materielles, sondern schlimmer noch, ein energetisches Müllproblem.

Je mehr fossile Stoffe wir verbrennen, desto lebensfeindlicher wird die Welt. Dieser Wachstum fördernde Vorgang ist also der gleiche, der dem Wachstum auch seine Grenzen setzt. Jeder einmal in Gang gesetzte Prozess erzeugt aus sich selbst heraus die Schranke, die ihm Einhalt gebietet, ein Perpetuum mobile ist nicht möglich.

Die gleiche „innere Schranke" bringt den mit menschlicher Energie, sprich Arbeit, angetriebenen Prozess der Geldvermehrung zum Stillstand, wie von Marx vor hundertfünfzig Jahren beschrieben. Die wachsenden Produktivkräfte erzeugen wachsende Gütermengen, die am Ende nicht mehr verkauft, das heißt nicht mehr zu Geld gemacht werden können und so die Produktionsstätten verstopfen. Nicht der Mangel bildet das Problem, sondern der Überfluss.

Es ist allgemein zu erkennen, dass die im Kapitalismus an Geldwachstum gebundene Wirtschaft sich zunehmend sträubt zu wachsen und die ihr zur Geldvermehrung aufgedrängte menschliche Arbeit immer wieder ausspeit. Unendliches Wachstum ist unmöglich.

Eigentlich weiß das jedes Kind, trotzdem kämpfen wir mit Verbissenheit weiter, um von allem immer mehr zu bekommen, Wachstum um jeden Preis zu erreichen, und wollen nicht begreifen, dass wir dabei im Kampf gegen die uns umgebende Natur gegen uns selbst kämpfen, uns selbst vernichten. Je energischer wir den Wachstumsprozess vorantreiben, umso schneller haben wir die Grenzen des Wachstums erreicht.

Wir weigern uns standhaft, der Wirklichkeit ins Angesicht zu schauen. Wir sind Gefangene einer uns von unseren Genen aufgezwungenen Verhaltensweise. Wir folgen einem unersättlichen Verlangen nach Glücksgefühlen, die wir als Belohnung für ein Verhalten empfinden, das letztendlich der Replikation unserer

Gene dient. Wir können uns dieser Abhängigkeit bewusst werden, können uns ihr aber wie ein Suchtkranker nicht entziehen. Wir sind nicht in der Lage, der idealistischen Aufforderung zu einer inneren Revolte respektive „Empörung" zu folgen, die den einzelnen Menschen zur Selbsterkenntnis und mit ihr zur „Vernunft" bringen soll. Schließlich können wir uns nicht am eigenen Schopf aus dem Sumpf ziehen.

Selbsterkenntnis ist nur über den Umweg der Naturwissenschaften, an erster Stelle der Neurologie, möglich. Mit ihr bietet sich ein Ansatz, den wir nutzen könnten, um das Schlimmste zu verhüten.

Die Naturwissenschaften umspannen bereits, über unsere Köpfe hinweg, einen weitgehend emotionslosen Raum. In ihm existiert inzwischen ein enormer Vorrat an empirischem Wissen, ein emotionsloses Erfahrungsgedächtnis sozusagen, das von einer weltweit vernetzten, Informationen speichernden und verarbeitenden Maschinerie verwaltet wird. Dieses quasi von außen an uns herangeführte Wissen ermöglicht es uns, wenigstens prinzipiell die Mauer des kollektiven Selbstbetrugs zu durchbrechen.

Denkbar wäre die Konstruktion einer emotionslosen Maschinerie zur „Verwaltung von Sachen"[110] auf globaler Ebene, die uns mit der Macht eines Leviathan zu „vernünftigem" Handeln zwingt. Das könnte ein intelligent konstruierter und auf unsere Bedürfnisse programmierter Roboter, ein Autopilot für das Raumschiff Erde sein, den wir mit all den Daten und Befehlen ausrüsten, die zur Versorgung der Menschheit mit dem Allernotwendigsten an Energie, Rohstoffen und Informationen erforderlich sind.

Die Zielvorgabe an die Maschinerie müsste Homöostase lauten, ein Zustand der Harmonie zwischen Mensch und Natur. Bildlich gesprochen bedeutet es, dass wir, wenn die egoistischen Gene uns zwingen, an dem Ast zu sägen, auf dem wir sitzen, nur so schnell sägen, wie der Stamm natürlicherweise nachwächst – also

---

[110]   Engels 1880, S. 224.

118

dass wir nur so viel Energie verbrauchen, wie die Sonne sie uns aktuell zur Verfügung stellt, ohne auf fossile Energien zurückzugreifen.

Die Weltgemeinschaft könnte sich „aufheben" in eine Vielzahl kleiner, überschaubarer Solidargemeinschaften, die den blutigen Kampf um die nackte Existenz von immer mehr Menschen auf dieser Welt ummünzen in einen sportlichen Wettstreit um die beste Lebensqualität bei geringstem Arbeitseinsatz und Ressourcenverbrauch. So könnten sie die Gier nach immer mehr ersetzen durch die Sehnsucht nach einem einfachen Leben in Sicherheit, wie es die „Minimalisten" von heute bereits versuchen.

Bequemlichkeit als Tugend könnte auch unseren Genen gefallen. Auch besitzen wir das Know-how, um die Gene zu überlisten und die Geburtenrate so weit unter Kontrolle zu halten, dass alle in Würde leben könnten. Empfängnisverhütung ist der Schlüssel zur Humanität. Es liegt auf der Hand – nur eine genau durchdachte Geburtenkontrolle gibt uns die Möglichkeit, die bevorstehende finale Umweltkatastrophe noch zu verhindern. Denn auf einer endlichen Welt können nicht unendlich viele Menschen leben. Wir müssen uns bewusst zurücknehmen.

Der weltanschauliche Überbau für dieses Projekt existiert seit Jahrtausenden in der fernöstlichen Kultur. Die in ihr verwurzelten Menschen fühlen eher das Verlangen, sich zurückzunehmen, sich in Abwesenheit zu hüllen, ein „Abwesen" zu kultivieren, wie Byung Chul Han es in seinem gleichnamigen Buch von 2007 beschreibt. Er stellt das traditionelle fernöstliche Empfinden als diametral entgegengesetzt zu den Vorstellungen der Menschen der abendländischen Welt dar: „Das Verhältnis zur Welt wird nicht von der Entschlossenheit des Tuns und des Handelns, von der Helle des Bewusstseins und der Reflexion beherrscht. Vielmehr lässt man sie geschehen, in sich hineinströmen, indem man in eine Abwesenheit zurückweicht, indem man sich vergisst oder sich entleert (…). Statt eines entschlossenen Handelns wird eine Ungezwungenheit, eine Mühelosigkeit gesucht. Diese ist wohl das fernöstliche Gegenstück zum westlichen Konzept der Freiheit."[111] – „Ohne Sinn und Ziel, ohne Teleologie und Narration, ohne Transzendenz und Gott kommt dieser Daseinsentwurf aus."[112]

Man fügt sich dem natürlichen Gang der Welt, man will sie nicht verändern, auch nicht verbessern und versucht auch nicht sie zu verstehen. Man setzt der Erdschwere nichts entgegen, man sucht ihr nicht zu entkommen, sondern richtet sich nach ihr aus. „Das fernöstliche Denken ist insofern prograv, als es sich dem Gewicht der Welt anzuschmiegen sucht. (…) Die Progravität lässt die Weltimmanenz in ihrer Anmut, in ihrer natürlichen Ordnung hervorscheinen, die verdrängt würde, wo das Bewusstsein sich vordrängt."[113] Nicht das aktive Streben nach Glück, sondern der Versuch, in Passivität dem Leiden zu entkommen, auf der Basis eines tiefen Weltvertrauens, kennzeichnet die fernöstliche Lebenseinstellung.

Längst hat der Kapitalismus den asiatischen Kontinent überrannt und mit seinem Glücksversprechen die Menschen für sich eingenommen. In einer dialektischen Wende jedoch hat derselbe Kapitalismus den wissenschaftlichen Fortschritt auch hier so weit vorangetrieben, dass der buddhistische Auftrag einer unvoreingenommenen Naturschau auf einer höheren Erfahrungsebene zur Erfüllung gelangt und den Menschen einen klaren Blick auf die Wirklichkeit ermöglicht.

Für Yuval Noah Harari zählt der Buddhismus zu den „Naturgesetz-Religionen".[114] Er basiert auf einem einzigen Gesetz, das von seinen Anhängern als allgemein gültiges Naturgesetz angesehen wird: „Die Ursache des Leids ist das Begehren; wir können uns nur vom Leid befreien, wenn wir uns vom Begehren befrei-

---

[111]   Han 2007, S. 89.
[112]   Han 2007, S. 27.
[113]   Han 2007, S. 87.
[114]   Harari 2015, S. 272.

120

en, und wir können uns nur vom Begehren befreien, wenn wir lernen, die Wirklichkeit so zu sehen, wie sie ist."[115]

Einen nüchternen Blick auf die Welt, befreit von Mythen, Religionen, Ideologien und Philosophien, ist genau das, was eine empirische Wissenschaft uns zu vermitteln vermag. Um unserer Zukunft willen sollten wir das Angebot annehmen und Ballast abwerfen, geistigen und materiellen, alles, was uns die Zukunft verstellen könnte. Machen wir es uns leicht, machen wir es der Erde leicht, uns zu tragen, bedrängen wir sie nicht ständig. „Wer Zwänge ausübt, erleidet Zwänge."[116] Leichtigkeit, Mühelosigkeit und weniger Leid für alle Menschen, niemals war die Menschheit diesem Ziel näher. Niemals aber auch war die Menschheit dem Chaos so nah wie heute. Beides ist möglich, wir haben die Wahl.

Auch in der westlichen Hemisphäre kennt man die Aufforderung zu bedachter Lebensführung seit Langem. Bereits der römische Philosoph Seneca verwies darauf, dass reich sein etwas anderes ist, als viel zu besitzen, indem er umgekehrt formuliert: „Nicht wer zu wenig hat, sondern wer mehr begehrt, ist arm."[117] Von modernen Geschichtsschreibern bekommt er recht: „Eines der ehernen Gesetze der Geschichte lautet, dass ein Luxus schnell zur Notwendigkeit wird und neue Zwänge schafft."[118] Wir wissen alle, dass steigender Besitzstand, über die Befriedigung der natürlichen Bedürfnisse hinaus, keinen langfristigen Einfluss auf unsere Lebensqualität hat. So wichtig die Befriedigung der Grundbedürfnisse ist, so unwichtig oder gar schädlich ist Luxus für unser Leben.

Seneca hinterfragt die übliche Vorstellung von Armut und Reichtum. Er lenkt den Blick vom äußeren Erscheinen auf das innere Erleben und hebt die Gegensätzlichkeit von Arm und Reich damit dialektisch auf. Er macht den Blick frei auf die Grund-

---

[115]   Harari 2015, S. 276.
[116]   Han 2007, S. 105.
[117]   Seneca 1924, 2. Brief, S. 4.
[118]   Harari 2015, S. 114.

problematik menschlichen Verhaltens, die Ambivalenz von Habgier. Habgier ist unverzichtbar als permanenter Antrieb im Überlebenskampf jedes Einzelnen; wenn wir jedoch nicht achtgeben, reißt sie uns allesamt in den Abgrund, denn Habgier macht blind für die langfristigen Folgen unseres Tuns. Im Streben nach mehr und immer mehr verlieren wir das Bewusstsein für unsere wahren Bedürfnisse. Selbstvergessen kämpfen wir am Ende gegen uns selbst und gegen eine Natur um uns, der wir alles verdanken, was uns am Leben erhält.

Um die Wirklichkeit so zu sehen, wie sie ist, müssen wir aufhören, den Weltverlauf als stumpfes Aufeinanderprallen von Gegensätzen zu begreifen. Die abendländische Kultur ist geprägt durch den Glauben an die Gegensätzlichkeit der Werte, die dogmatische Scheidung in Gut und Böse, verbunden mit der moralischen Aufforderung an das Böse, sich zum Guten zu bekehren — ein unmögliches Verlangen: „Wie *könnte* etwas aus seinem Gegensatz entstehen? Zum Beispiel die Wahrheit aus dem Irrtum? Oder der Wille zur Wahrheit aus dem Willen zur Täuschung? Oder die selbstlose Handlung aus dem Eigennutze? Oder das reine sonnenhafte Schauen des Weisen aus der Begehrlichkeit? Solcherlei Entstehung ist unmöglich; wer davon träumt, ein Narr (…).“[119] Aus einem Saulus wird niemals ein Paulus oder umgekehrt. Ein Mensch muss beides sein, Paulus und Saulus, gut und böse, wenn er überleben will. „Es gibt triviale Wahrheiten und es gibt große Wahrheiten. Das Gegenteil einer trivialen Wahrheit ist einfach falsch. Das Gegenteil einer großen Wahrheit ist auch wahr“ (Niels Bohr).[120] Diese Dialektik öffnet den Blick auf die Wirklichkeit des Lebens. Das gilt auch für den vordergründigen Gegensatz von bewusstem und instinktmäßigem Handeln. „Sowenig der Akt der Geburt in dem ganzen Vor- und Fortgang der Vererbung in Betracht kommt: ebensowenig ist ‚Bewusst-sein‘ in irgendeinem entscheidenden Sinne dem Instinktiven *entgegengesetzt*

---

[119] Nietzsche 1953, S. 8.
[120] Siehe Bohr 1967, S. 117.

– das meiste bewußte Denken eines Philosophen ist durch seine Instinkte heimlich geführt und in bestimmte Bahnen gezwungen. Auch hinter aller Logik und ihrer anscheinenden Selbstherrlichkeit der Bewegung stehen Wertschätzungen, deutlicher gesprochen, physiologische Forderungen zur Erhaltung einer bestimmten Art von Leben."[121]

Übrig bleibt allein der Gegensatz von Wissen und Glauben, wobei der Glaube, verstanden als Selbstbetrug, genauso wie das Wissen eine physiologische Forderung zur Erhaltung unserer Art von Leben darstellt, genauer gesagt unserem Wachstum dient. Um uns der Wirklichkeit zu nähern, müssen wir jedoch lernen, zwischen dem zu unterscheiden, was wir wissen, und dem, was wir glauben. Das führt den Blick direkt auf uns selbst, auf jeden Einzelnen von uns und die Forderung lautet wie eh und je: Erkenne Dich selbst! – Aber schon beißt sich die Katze in den Schwanz, denn wir sind aus uns selbst heraus und über uns selbst zu keiner objektiven Aussage fähig, unser Bewusstsein ist immer subjektiv vorgeprägt. Aus diesem Dilemma helfen einzig die empirischen Wissenschaften, die allein die Methoden objektiver Informationsverarbeitung kennen, welche zur Selbsterkenntnis, zur Besinnung führen. Sie sind unser Schicksal, nur sie liefern die notwendigen Informationen, mit denen wir uns von der teleologischen Verwirrung befreien könnten, die die kurzsichtige Habgier in uns erzeugt. Mögen sie noch so unvollkommen erscheinen, wir haben keine andere Wahl, als uns ihnen anzuvertrauen.

Dabei gründen die für uns heute überlebenswichtigen Informationen auf Theorien, die wir schon sehr lange kennen: Es begann 1798 mit dem „Bevölkerungsgesetz" von Thomas Robert Malthus, 1859 veröffentlichte Charles Darwin „Über die Entstehung der Arten", 1865 führte Rudolf Clausius den Begriff der Entropie ein und 1867 erschien Karl Marx' Hauptwerk „Das Kapital", 1923 dann Sigmund Freuds „Das Ich und das Es". In all diesen aufklärerischen Schriften stecken sehr unangenehme, weil desillu-

---

[121]   Nietzsche 1953, S. 9 f.

sionierende Wahrheiten, Gedanken, die man bis heute nicht wirklich zu Ende denken kann, denn sie attackieren das hoffnungsvolle idealistische Selbstbild, das wir von uns haben, verletzen starke Gefühle in uns, machen Angst.

Wir haben die Informationen ignoriert, sie zum Teil brüskiert zurückgewiesen oder ihres großen praktischen Nutzens wegen positiv aufgenommen, bei Letzterem eine gewisse Erkenntnisschwelle aber niemals überschritten und ihre tiefere Bedeutung für unser Leben verleugnet. Diese Spaltung des Bewusstseins in erträgliches und unerträgliches Wissen zieht sich durch jeden Menschen und geht über in die Spaltung der Wissenschaften, in jene von der Natur, der Physik, und jene des Geistes, der Metaphysik. Die Metaphysik brauchen wir, um die Wunden zu heilen, die die Physik uns schlägt.

Eine andere Wahrheit, man kann es auch Ironie nennen, ist die, dass diese Verdrängung, dieser Selbstbetrug, erst das enorme Bevölkerungswachstum der letzten hundert Jahre ermöglicht hat, also lebensfördernd war. Realitätsverlust, Ignoranz und ein gewisses Maß an Schizophrenie erscheinen plötzlich als notwendige Bedingung für wissenschaftlich-technischen Fortschritt. Das Projekt der Aufklärung ist erst abgeschlossen, wenn wir bereit sind, uns bewusst dieser paradoxen Wirklichkeit zu stellen.

Gerade die von uns verdrängten Kernaussagen eröffnen den Blick auf die Realität, sie erklären den inneren Zusammenhang unserer Lebenswirklichkeit. Um unserer eigenen und der Zukunft unserer Kinder willen haben wir die Pflicht, uns zu unserer Subjektivität zu bekennen, dazu, dass unser bewusstes Denken heimlich von unseren Instinkten gesteuert wird, dass der sogenannte freie Wille eine Illusion ist und dass unser Intellekt nur geringen Einfluss auf unser Handeln hat. Erst mit dieser Einsicht können wir aus dem vorhandenen empirischen Wissen über uns selbst Strategien entwickeln, mit denen wir überhaupt nur eine gewisse Chance haben, die großen Herausforderungen der Zukunft zu meistern.

Vorrangiges Ziel vor allen anderen muss es sein, die Erderwärmung zu stoppen, die ungebremst alles Leben auf der Erde vernichten wird. Wir dürfen keine fossilen Energieträger mehr verbrennen, wir müssen ihre Nutzung auf das Allernötigste beschränken. Es drängt sich die Frage auf, wie es kommt, dass wir diesem Problem aller Probleme nicht bereits mit der gebotenen Entschiedenheit entgegentreten, sondern uns völlig gelassen mit Sonntagsreden und losen Versprechungen der Politik zufriedengeben oder die Gefahr sogar einfach leugnen. Diesen verheerenden kollektiven Selbstbetrug gilt es als Erstes aufzudecken.

Eine Erklärung liegt wahrscheinlich darin, dass der uns leitende Instinkt immer auf den Moment gerichtet ist und eine langfristige Planung in eine ungewisse Zukunft deshalb mit einer grundsätzlichen Problematik behaftet ist – vor allem dann, wenn die Gedanken an die Zukunft Angst auslösen. Wir besitzen einen äußerst wirksamen Mechanismus der Angstbewältigung, der nicht zulässt, dass wir langfristig von Angst besetzt sind, von lähmender, hinderlicher Angst. Eine Gefahr, die uns nicht unmittelbar betrifft wie die Erderwärmung, sind wir innerlich gezwungen zu ignorieren. Diese physiologisch begründete Forderung hindert uns daran, adäquat auf Gefahren zu reagieren, deren Wirkung in der Ferne liegt. Einem solchen Dilemma entkommen wir nicht, indem wir es leugnen, sondern wir können es nur mildern, indem wir es umgekehrt ans Licht der Öffentlichkeit bringen und uns der zugrunde liegenden Problematik jederzeit bewusst sind. Wir müssen die Wirklichkeit so sehen, wie sie ist.

Auch aktuellen Gefahren begegnen wir mit Ignoranz oder Rechtfertigungsideologien, die die Wirklichkeit vernebeln. Seit geraumer Zeit wächst vor unseren Augen eine Finanzblase mit inzwischen solchen Ausmaßen, dass sie jederzeit zu platzen droht. Wenn sie platzt, und sie wird gewiss irgendwann platzen, wird das die Weltwirtschaft ins Chaos stürzen und die Welt grundlegend verändern. Uns fehlt jede Möglichkeit, diese Entwicklung zu beeinflussen oder gar zu verhindern, wozu empirisch gesicherte Informationen über den Wirkmechanismus des Systems die Voraussetzung wären. Die ökonomische Wissenschaft kann nicht helfen, denn sie ist keine Naturwissenschaft, sie kennt keine Gesetzmäßigkeiten auf der Basis sich wiederholender Muster. Ihr fehlt ein gesichertes theoretisches Fundament, um mehr als nur vage Prognosen stellen zu können. Hier muss dringend etwas nachgebessert werden, wenn wir unsere Zukunft nicht nur dem Zufall überlassen möchten.

Die Lage ist nicht aussichtslos. Wir tragen nicht nur Habgier in uns, Empathiefähigkeit gehört ebenso zu unserem Wesen. Bei vielen Menschen, noch im Besitz eines natürlichen Sättigungsgefühls, bereitet die Überflussgesellschaft bereits den Überdruss, der den Wunsch weckt, den exaltierten Individualismus, das ständige Begehren, Fordern und Wollen durch eine Kultur der Bescheidenheit und das allgemein vorherrschende Spektakel durch stille Freundlichkeit zu ersetzen – eine Freundlichkeit, die sich an alle Menschen richtet, die niemanden ausschließt und ein Gefühl von Sicherheit wachruft, nach dem wir uns alle sehnen. Wir unterliegen nämlich alle einem folgenschweren Irrtum, einer Verwechslung: Tief in unseren Herzen streben wir nicht nach Luxus, sondern nach Sicherheit.

Sicherheit erfahren wir nur in Gemeinschaft, heute ist dies die Weltgemeinschaft. Wir können uns nur dann sicher fühlen, wenn auch alle anderen Menschen sich sicher fühlen. Die eigene Sicherheit liegt in der Sicherheit des anderen. Das sagt uns ein Instinkt, das fühlen wir intuitiv und schafft so die Voraussetzung für unbewusst empfundene Empathie, für Opferbereitschaft, für die Entschlossenheit, anderen zu helfen. All das entwickelt sich aus einem Gefühl, das den eigenen Reichtum, den Überfluss ab einem gewissen Punkt unerträglich werden lässt und tiefe Unsicherheit in uns hervorruft, die uns zur Friedfertigkeit verpflichtet und nicht zur Aggressivität, welche der Mangel in uns weckt.

Dabei entspringt das Streben nach Frieden und Sicherheit einem ausgesprochen egoistischen Verlangen, wir denken dabei vor allem an uns selbst und an unsere eigenen Kinder, die wir schützen wollen. Hier liegt die große Chance, dass die Menschheit noch rechtzeitig zur Vernunft findet: zu begreifen, dass wir den anderen nicht mit Gewalt bedrohen dürfen, sondern uns nach dessen spezifischen Sicherheitsinteressen zu erkundigen haben, und zwar um des *eigenen* Friedens und der *eigenen* Sicherheit willen. Der kluge Egoist handelt kooperativ. Sobald wir das offiziell anerkennen und entsprechend politisch handeln, verändern wir die Welt.

Das übergeordnete Ziel für die gesamte Menschheit lautet Stillstand im Sinne einer Reproduktion mit nur begrenztem und genau kalkuliertem Wachstum. Das verlangt einen völligen Umbau der Weltgemeinschaft, mit ganz anderen Produktionsverhältnissen und einem radikal neuen Verteilungssystem, einem, das nicht so sehr auf der geleisteten Arbeit beruht, sondern sich mehr nach den wahren Bedürfnissen der Menschen richtet. Ein gesetzliches Grundeinkommen könnte der erste Schritt dazu sein – ein logischer Schritt für eine Gesellschaft, der die Arbeit ausgeht. Bedingung ist, dass das Grundeinkommen nicht wachstumsfördernd wirkt, wie man hofft, sondern bewusst wachstumshemmend.

Es sind in Zukunft genau die Tugenden gefordert, die im Kapitalismus nicht lebensfähig und auch, entgegen anderslautenden Beteuerungen in Sonntagsreden, praktisch unerwünscht sind, weil sich mit ihnen kein Geld verdienen lässt.

Die Zukunft der Menschheit steht und fällt daher mit der Abschaffung der Herrschaft des Geldes, die keine Zufriedenheit zulässt und uns zu immer neuen Anstrengungen zwingt, die Natur, auch unsere eigene, rigoros auszubeuten und zu zerstören. Erste Anzeichen hierfür sind unübersehbar.

Wenn wir uns nicht selbst zurücknehmen, wird die Naturgewalt uns zum Rückzug zwingen und kein „Geist", kein menschlicher und kein göttlicher, kann uns dann noch retten. Das ist absolut sicher!

LITERATUR

Bebel, August/Bernstein, Eduard (Hg.): Der Briefwechsel zwischen Friedrich Engels und Karl Marx 1844 bis 1883, Bd. 2, Stuttgart 1921: Dietz

Benoist, Alain de: Am Rande des Abgrunds. Eine Kritik der Herrschaft des Geldes, Berlin 2012: Edition Junge Freiheit

Bohr, Hans Henrik: Niels Bohr – His Life and Work as Seen by his Friends and Colleagues, ed. S. Rozental, Amsterdam 1967: North-Holland

Bronowski, Jacob: Der Aufstieg des Menschen. Stationen unserer Entwicklungsgeschichte, Frankfurt a. M./Berlin/Wien 1976: Ullstein

Dawkins, Richard: Das egoistische Gen, Jubiläumsausgabe, Heidelberg 2007: Spektrum Akademischer Verlag

Dawkins, Richard: Der erweiterte Phänotyp. Der lange Arm der Gene, Heidelberg 2010: Spektrum Akademischer Verlag

Dawkins, Richard: Geschichten vom Ursprung des Lebens. Eine Zeitreise auf Darwins Spuren, Berlin 2008: Ullstein

Descola, Philippe: Jenseits von Natur und Kultur, Berlin 2011: Suhrkamp

Dürer, Albrecht: Schriftlicher Nachlaß, Bd. 3, hrsg. v. Hans Rupprich, Berlin 1969: Deutscher Verein für Kunstwissenschaft

Elias, Norbert: Über den Prozeß der Zivilisation. Soziogenetische und psychogenetische Untersuchungen. Erster Band: Wandlungen des Verhaltens in den westlichen Oberschichten des Abendlandes, 16. Auflage, Frankfurt am Main 1991: Suhrkamp

Engels, Friedrich: Die Entwicklung des Sozialismus von der Utopie zur Wissenschaft, 1880, in: Marx Engels Werke, Bd. 19, S. 177–228; URL: http://www.dearchiv.de/php/brett.php?archiv=mew&brett=MEW019&menu=mewinh (abgerufen am 20. September 2016)

Engels, Friedrich: Herrn Eugen Dühring's Umwälzung der Wissenschaft, 1878, in: Marx Engels Werke, Bd. 20, S. 1–303; URL: http://www.dearchiv.de/php/brett.php?archiv=mew&brett=MEW020&menu=mewinh#MEW020239-303.20 (abgerufen am 27. Mai 2016)

Freud, Sigmund: Das Ich und das Es (1923); in: Ders.: Das Ich und das Es. Metapsychologische Schriften, Frankfurt a. M. 1992: Fischer Taschenbuch

Freud, Sigmund: Das Unbehagen in der Kultur (1930); in: Ders.: Das Unbehagen in der Kultur Und andere kulturtheoretische Schriften, Frankfurt a. M. 1994: Fischer Taschenbuch

Gates, Robert M.: Rede in West Point/New York vom 25. Februar 2011; URL: http://archive.defense.gov/Speeches/Speech.aspx?SpeechID=1539 (abgerufen am 20. September 2016)

Han, Byung-Chul: Abwesen. Zur Kultur und Philosophie des Fernen Ostens, Berlin 2007: Merve

Han, Byung-Chul: Müdigkeitsgesellschaft, 10. Auflage, Berlin 2014: Matthes & Seitz

Han, Byung-Chul: Topologie der Gewalt, 2. Auflage, Berlin 2012: Matthes & Seitz

Harari, Yuval Noah: Eine kurze Geschichte der Menschheit, 7. Auflage, München 2015: Pantheon

Huntington, Samuel P.: Der Kampf der Kulturen: Die Neugestaltung der Weltpolitik im 21. Jahrhundert, 5. Auflage, München, Wien 1997: Europaverlag

Kunz, Anne: Die endgültige Bankrotterklärung der Lebensversicherung, in: „Die Welt" vom 2. Mai 2016; URL: https://www.welt.de/finanzen/versicherungen/article54957035/Die-endgueltige-Bankrotterklaerung-der-Lebensversicherung.html (abgerufen am 10. Januar 2017)

Kurz, Robert: Marx lesen! Die wichtigsten Texte von Karl Marx für das 21. Jahrhundert, 3. Auflage, Frankfurt a. M. 2008: Eichborn

Kurz, Robert: Geld ohne Wert. Grundrisse zu einer Transformation der Kritik der politischen Ökonomie, Berlin 2012: Horlemann

Leakey, Richard: Die ersten Spuren. Über den Ursprung des Menschen, München 1999: Goldmann

Lem, Stanisław: Also sprach Golem, 11. Auflage, Frankfurt a. M. 2016: Suhrkamp

Lem, Stanisław: Philosophie des Zufalls. Zu einer empirischen Theorie der Literatur, Bd. I, Frankfurt a. M. 1983: Insel

Malthus, Thomas Robert: Das Bevölkerungsgesetz (1798), hrsg. u. übers. v. Christian M. Barth, München 1977: dtv

Marx, Karl: Das Kapital 1.3: Briefe über das Kapital, editorische Bearbeitung und Kommentierung Rolf Hecker unter Mitwirkung von Andrej Hecker, Berlin 2010: Karl Dietz

Marx, Karl: Das Kapital. Kritik der politischen Ökonomie, Bd. 1, 1867, in: Marx Engels Werke, Bd. 23; URL: http://www.dearchiv.de/php/brett.php?archiv=mew&brett=MEW023&menu=mewinh#MEW023VW11.23 (abgerufen am 20. September 2016)

Marx, Karl: Grundrisse der Kritik der politischen Ökonomie, 1857/58, in: Marx Engels Werke, Bd. 42; URL: http://www.dearchiv.de/php/brett.php?archiv=mew&brett=MEW042&menu=mewinh#MEW042117-164.42 (abgerufen am 27. Mai 2016)

Marx, Karl/Engels, Friedrich: Die deutsche Ideologie, 1845/46, in: Marx Engels Werke, Bd. 3, S. 1–530; URL: http://www.dearchiv.de/php/brett.php?archiv=mew&brett=MEW003&menu=mewinh#MEW00318-50.3 (abgerufen am 20. September 2016)

Marx, Karl/Engels, Friedrich: Manifest der kommunistischen Partei, 1848, in: Marx Engels Werke, Bd. 4, S. 571–590; URL: http://www.dearchiv.de/php/dok.php?archiv=mew&brett=MEW004&fn=459-493.4&menu=mewinh (abgerufen am 27. Mai 2016)

Mason, Paul: Postkapitalismus. Grundrisse einer kommenden Ökonomie, Berlin 2016: Suhrkamp

Monod, Jacques: Zufall und Notwendigkeit. Philosophische Fragen der modernen Biologie, München 1996: Piper

Morris, Ian: Wer regiert die Welt? Warum Zivilisationen herrschen oder beherrscht werden, Frankfurt a. M./New York 2011: Campus

Nietzsche, Friedrich: Jenseits von Gut und Böse. Zur Genealogie der Moral, Stuttgart 1953: Alfred Kröner

Pauen, Michael: Grundprobleme der Philosophie des Geistes. Eine Einführung, 3. Auflage, Frankfurt am Main 2002: S. Fischer

Paul, Andreas: Von Affen und Menschen. Verhaltensbiologie der Primaten, Darmstadt 1998: Wissenschaftliche Buchgesellschaft

Psychologie heute: 90 Prozent sind unbewusst. Gerhard Roth im Gespräch, Heft 2/2002

Roth, Gerhard: Fühlen, Denken, Handeln. Wie das Gehirn unser Verhalten steuert, Frankfurt a. M. 2001: Suhrkamp

Schopenhauer, Arthur: Die beiden Grundprobleme der Ethik, behandelt in zwei akademischen Preisschriften, Bd. I: Preisschrift über die Freiheit des Willens, Leipzig 1860: F. A. Brockhaus

Seneca, Lucius Anneus: Philosophische Schriften, Bd. 3: Briefe an Lucilius, Teil 1: Brief 1–81, übersetzt, mit Einleitungen und Anmerkungen versehen von Otto Apelt, Leipzig 1924: Felix Meiner

Trivers, Robert L.: Betrug und Selbstbetrug. Wie wir uns selbst und andere erfolgreich belügen, Berlin 2013: Ullstein

Unsöld, Albrecht: Evolution kosmischer, biologischer und geistiger Strukturen, 2. Auflage, Stuttgart 1983: Wissenschaftliche Verlagsgesellschaft

Vogl, Joseph: Das Gespenst des Kapitals, Zürich 2010: diaphanes

Wagner, Andreas: Arrival of the fittest. Wie das Neue in die Welt kommt. Über das größte Rätsel der Evolution, Frankfurt am Main 2015: S. Fischer